운디네와 지식의 불

베르나르 데스파냐

김웅권 옮김

東 文 選

운디네와 지식의 불

Bernard d'Espagnat

ONDINE ET LES FEUX DU SAVOIR

© 1998, Éditions Stock

This edition was published by arrangement
with Éditions Stock, Paris
through Shinwon Literary Agency, Seoul

차　례

머리말

 나는 진지하고 객관적이며 체계적인 다른 책들을 쓴 바 있다. 그 책들에서 나는 철학적이면서도 과학적인 나의 견해들을 정당화했다고 생각하고 있다. 그러나 이번 책은 다르다. 내가 여기서 흥미를 느끼는 것은 생성될 때 상태의 사상들이다. 내가 포착코자 하는 것은 세계를 이해하려고 갈망하는 하나의 사상이 편력하는 당황스러우나 매혹적인 여정이다. 나는 지식이 수천 년 동안에 걸쳐 만들어지고 있는 것을 본다. 좌우간 **내가 보기에** 지식이라는 것이라고 말해 두자. 분명히 해두는 것이 필요할 테니까. 이 책에서 씌어지는 내용들은 변증법적이 아니다. 그것들이 교훈적인 것으로 드러난다면, 그러한 측면은 부수적인 것에 지나지 않을 것이다. 어쩌다 보니 그렇게 된 것이라고까지 말하고 싶다. 널리 확산되어 있지만 허위적인 관념들을 수정하다 보니 그렇게 되었다고 말이다. 어쨌든 그것들이 교훈적인 경우는 거의 없을 것이다.

 본서에서 나의 과학적인 견해들을 언급하는 것은 다만 참고용이다. 왜냐하면 그것들은 물리학계의 견해들이기 때문이다. 나는 그것들을 모든 물리학자들이 인정한 사실들에 근거하고 있다. 이 사실들은 또한 모두가 인정한 방정식들을 통해 연결되어

있다. 그러나──내가 서둘러 분명하게 밝히는 것이지만!──
그러한 방정식들에 대한 지식이 이 책을 읽는 데 필요한 것은 아
니다. 보다 독창적인 것은 나의 철학적 견해들이다. 왜냐하면 이
것들은 문제의 방정식들과 이들의 의미를 보다 잘 이해하려는
나의 오랜 탐구와 불가분의 관계에 있기 때문이다. 그것들은 나
로 하여금 다양한 사유 체계들이 지닌 중요성을 평가하도록 이
끌어 왔다. 여기서 사유는 습관적인 사유와는 현저하게 다른 사
유를 말한다. 내가 다음의 내용을 지적하는 것은 지금까지 말한 것
을 설명하기 위함이다. 나는 이 조그만 책이 위장된 입문서로 간
주되지 않기를 바란다. 이 책은 철학이나 나아가 과학에 대한 입
문적인 내용이 전혀 없다. 이 책이 기술코자 하는 것은 플라톤 이
전부터 아인슈타인 이후까지 큰 사상들의 역사적이고 객관적인
전개가 아니다. 요컨대 그것은 **내가 보는 그대로의** 전개를 보여
주고자 한다. 그것은 이 전개가 **나의 내부에서** 창출한 것이다.

  따라서 이 책은 유행어를 사용해 말한다면 무엇보다도 하나의
증언이다. 이 증언은 나의 주장들과 이 주장들의 토대를 부각시
키는 것이 아니라, 지식에 대한 긴 모험을 이해하는 내 나름의
방식을 부각시킴으로써 특별한 성격을 띠는 것이다. 직업적 역
사가는 차후에 개진된 것들은 전혀 참조하지 않고, 자신이 연구
하는 시대 정신을 재구성하는 것을 목표로 한다. 그러나 나는 이
와는 반대로 현 지식의 상태, 그리고 이 상태의 일관성을 인식하
는 나의 방식을 나의 사유 속에 확고히 간직하고 있다. 그래서
목표는 내가 이 분야에서 현재 확인하는 상황──참으로 이 상

황은 매우 놀라운 것이다!──으로 통하는 길 위에서 만나는, 그야말로 결정적인 단계들을 정신적으로 다시 체험하는 것이었다. 하나의 증언이 지닌 주요 미덕은 이 증언이 입증을 필요로 하지 않는다는 사실에 있다. 증언은 증언으로서 존재하는 것이다. 이로 인해 그것은 논증과 반논증으로 엮어진 기나긴 분석이 지닌 무거움을 벗어나는 것이다. 논증이 일련의 문제들에 있어서 필요하지 않기 때문은 아니다. 이 책의 말미에서 상대성과 양자(量子)는 우리를 이런 문제들로 이끌 것이다. 그러나 논증은 그 속에서 다른 영역들에서보다 더 기술적(技術的)이다. 논증을 만나게 되는 것은 다른 곳에서이다.

물론 그렇다고 내가 독자를 굶주린 상태로 방치하겠다는 뜻은 아니다. 나 자신의 결론을 독자에게 숨긴다든가, 나의 견해에 따라 무엇이 이 결론을 정당화시키는가를 독자가 모르게 한다든가 하는 것은 있을 수 없는 일일 것이다. 그러므로 책의 마지막에서 나는 내가 도출할 수 있다고 믿는 지식에 관한 현재의 데이터들과 철학적 추론들에 대해서 하나의 요점을 제시할 것이다. 그러나 이 요점은 단순한 대화라는 위장된 모습을 띨 것이다. 이는 하나의 비판적 추론을 명확하게 드러내는 것이 이 책의 목표가 아니라는 점을 분명히 하기 위함이다.

첫번째 수첩

내 이름은 운디네*이다. 나는 기원전 6세기 이탈리아 남부에 있는 바닷가 백사장에서 태어났다. 나의 어머니는 세이렌[반인반어(半人半魚)인 바다의 요정]이었고, 아버지는 인간이었다. 그는 피타고라스학파의 철학자였다. 나는 어머니로부터 눈부신 물고기 꼬리(다행히도 내가 원할 때 이 꼬리로부터 벗어날 수 있다)와 투명성에 대한 취향(이 취향은 관념의 투명성에까지 확대되어 있다)을 물려받았고, 아르고선[그리스 신화에서 황금 양털을 찾아 영웅 이아손이 타고 떠난 배]의 선원들——이들은 주로 사유의 선원들이다——만 보면 쫓아가는 약점을 물려받았다. 내가 박학한 세이렌이 된 것은 아버지의 핏줄 덕분이다. '요컨대 거의 그런 박학한 세이렌······'이 된 것은 말이다. 사실——영원한 젊음,

---

　* 물의 요정, 18-19세기 독일의 낭만주의 작가 푸케의 걸작 《운디네》에 나오는 젊은 여주인공. 이 작품에서 운디네는 바다 심층에 있는 수정궁에서 태어난 특이한 존재로서 자연의 화신이다. 풍랑에 밀려 육지로 나와 비극적 사랑을 하게 된다.

꼬리 등을 제외하면——나는 나 자신을 하나의 인간처럼 바라본다. 따라서 나는 물고기가 아니라 인간 존재로서 사유한다. 아마도 내가 과장하고 있을 테지만 말이다. 왜냐하면 나는 거의 언제나 이 점에서 나의 아버지를 모방하면서 사유하고 있기 때문이다.

사실을 말하자면 나의 가엾은 아버지가 알고 있었던 것은 대단한 것이 아니었다. 그러나 그는 세계에서 최초로 진정 매우 훌륭한 질문들을 제기할 줄 알았던 사람들의 무리에 속했다. 이 질문들은 정말 훌륭했기 때문에 그가 나에게 가르친 이후로, 나는 그것들을 심화시키는 노력을 계속해 왔다. 때로는 아버지와 같은 철학자들이 일반적으로 거의 존중하지 않는 방법을 통해서 말이다. 이 방법은 점진적으로 축적된 발견 사항들을 고려하는 것이다. 가끔 나는 내가 그렇게 행동함으로 인해 ‘순수 철학자’로서의 그에 대한 기억을 배신하고 있다고 생각한다. 그리하여 나는 마음의 거리낌을 느끼곤 한다. 그러나 나 자신 안에 있는 세이렌의 요소는 나로 하여금 전진하도록 밀어붙인다. 왜냐하면 세이렌들은 본디 그런 존재들이기 때문이다——그렇지 않나요? 처녀 세이렌에게 존재들의 감춰진 호흡 작용에 관한 정보들에 대해서 오로지 이론적이고 교만한 사유를 하는 것이 무슨 의미가 있겠는가? 나는 여기서 과학자들이 밀레니엄에 밀레니엄을 거치면서 수집하고 수집하게 될 데이터들에 대해 생각한다.

그런 만큼 나는 오로지 철학자들에게만 질문을 던진 것이 아니다. 때에 따라서 나는 이들보다 더 기이한 인물들에게도 질문을 던졌다. 이 인물들 가운데는 지구의 둥근 모습 같은 **사실들을 입증하려** 애쓰거나, 지구와 달을 갈라 놓는 거리 같은 치수의 **규모들을 측정하려** 애썼던 소외된 인물들도 있다. 이들의 이야기는 불행하게도 특히 방법적 문제들과 관련되어 있었다. 이러한 측면은 그들을 싫증나게 만들었다. 그러나 나는 그들이 얻은 결과들에 관심을 가지고 있으며, 이 결과들 가운데 의미가 있다고 보여지는 것들을 이 파피루스에 적어넣을 생각이다.

나는 파피루스라고 말한다. 왜냐하면 나는 현재 나일 강가의 갈대들 사이에 누워 이 글을 늘어 놓고 있기 때문이다. 대부분의 세이렌들은 보다 북쪽에 살고 있다. 그러나 그리스 세계는 나를 너무도 매혹시키기 때문에 갤리선들과 해적선들을 추적하는 일──이 일이 매우 단조롭기는 하지만 말이다!──에 합류하러 가지 않을 수가 없다. 사실 나의 세계는 우선 그리스 세계, 다음으로 헬레니즘 세계, 그리고 불행하지만 로마 세계로 이어지면서 ──1천 년 이상에 걸쳐──많이 변해 왔다. 비잔틴에서 레오 3세(675-741)는 성상들을 막 추방시킨 참이었다. 레오 3세와 동시대의 대사상가들은 무한의 개념에 빠져 있었는데, 아버지라면 이 무한을 모호하다고 판단했을 것이다. 나도 이 개념에 익숙해져야 할 것이고, 결국 그렇게 되리라 생각한다. 왜냐하면 그 어떤 것도 우리가 떠나는 관념의 사막보다는 낫기 때문이다. 아우구스티누스나 마르쿠스 아우렐리우스 시대와 같은 위대한 시대의 제국은 법률가들과 도덕가들로 들끓었다……. 그래서 나는 전사들과 정복자들에 대해서는 이야기조차 못하는 것이다. 이들은 파도를 타고 모험을 나설 때면 나의 자매 세이렌들이 당연히 추적하는 족속인데도 말이다.

플라톤

나를 둘러싸고 있는 이 갈대들은 다른 갈대들, 저 아티케의 조그만 해변가에서 살랑거렸던 그 갈대들을 상기시킨다. 나는 그 갈대들 뒤에 숨어 한 무리의 수영하는 젊은이들을 편안하게 지켜보았다. 이들은 모두 당시의 관습에 따라 나체로 수영을 하고 있었기 때문에 그만큼 더 아름다워 보였다. 그들 가운데 처녀는 한 명도 없었다. 물론 이 점이 놀라운 것은 전혀 아니었다. 처녀가 한 명도 없다는 것이 그들에게 전혀 모욕을 주지 않는다는 분명한 사실을 제외하면 말이다. 그래서 나는 우선 그들의 세계에 상당히 낯선 느낌을 받았다. 그러나 곧바로 그들은 물 속에서 나와 백사장에서 그들을 기다리고 있는 한 50대의 남자한테 갔다. 그리고 그들은 그와 방대한 **사상 토론**을 시작했다. 이 토론은 그들에 대한 나의 판단을——근본적으로!——수정하게 만들었다. 왜냐하면 사상 토론이라는 것이 아직 한번도 보여진 적이 없었다는 점을 확실히 이해해야 하기 때문이다. 사상들은 물론 있었다. (아버지의 친구분들은 사상이 넘쳐날 정도였다.) 그리고 물론 조직·전략 **등에** 관한 토론들도 있었다. 그러나 합리적인 논증을 통해 이루어지는 사상들에 관한 논의, 이것은 정말 새로운 것이다. 내가 지금 보았던 그룹이 형성될 때까지, 대사상가들이 제자들과 관련하여 생각했던 것은 오로지 거드름을 피우는 일이었다. 그들의 제자들과 해설자들은 '피타고라스에 의하면……' '아낙시만드로스의 가르침에 따르면 ……' 등으로 기술하는 데 만족했다. 그런데 여기에 있는 이 무리들은 달랐다. 소크라테스——나는 이 이름이 그 50대 남자의 것임을 알았다——는 이들 속에서 옛날 학파의 수장이 누리는 전적인 권위를 누리고 있었다. 그러나 그 자신도 사상 논쟁의 게임에 참여했다. 뭐랄까 그 자신이 이 게임을 부추기고 있었던 것이다.

그날 오후, 그의 말에 따르면 파르메니데스 같은 '옛 인물'이 나타난다면 그에게 제기했을 이의들을 문제삼았다. 물론 이 이의들은 그의 이데아 이론과 관련된 것이었다. 내가 이해한 바에 따르면, 소크라테스가 제시했던 주장은 이 세계의 만물이 그가 '이데아들'이라고 일컫은 영원한 실체들의 다소 불완전하고, 따라서 덧없는 반영물들에 지나지 않는다는 것이었다. 예를 들어 세계의 모든 말〔馬〕들은, 그에 따르면 '말'이라는 '이데아'의 이미지들에 불과하거나——이런 표현이 더 좋다면——복사물들에 지나지 않는다는 것이다. 그의 주장에 의하면, 대다수의 사람들은 길 위에서 만나는 말들과 발에 부딪치는 조약돌들을 그 자체로서 실존하는 '존재들'로 간주한다. 그런데 사실 그것들은 유일하고 영원한 본질들이 무한히 다양화되어 나타난 창백한 반영물들에 지나지 않는다. 이 영원한 본질들은 그 자체로서 존재하는 '최고선'이라는 형언할 수 없는 '이데아'에 의해 지배된다.

그러나 내가 언급하고 있는 바로 그날——주로 이 점이 나에게 충격을 주는 것이다——소크라테스 자신이 파르메니데스라면 제시했을 이의들을 이 젊은이들에게 제시했다. 의심할 여지가 없지만, 파르메니데스는 매우 체계적인 정신의 소유자였다. 따라서 소크라테스에 따르면, 그가 이데아론을 어렵게 만들려고 시도한다면, 이 이론의 모든 결과들을 분명하게 밝히는 작업을 통해서 그렇게 하리라는 것이다. 요컨대 그는 다음과 같은 점을 부각시키게 되리라는 것이다. 즉 사람들이 '선'의 이데아나, 나아가 '말'의 이데아 같은 고상한 '이데아들'에 대해서 관심을 가지는 만큼 이 이론이 오랫동안 매력이 있다 할지라도, 적어도 말할 수 있는 것은 그것이 시시한 개념들에 적용되고 그 자체로서 존재하는 '더러운 때'나, 그 자체로서 존재하는 '이[蝨]'등과 같은 것들이 상기될 때는 당혹스러운 모습을 띠게 된다는 것이다. 그래서 나는 마음속으로 이렇게 생각했다. 그렇다. 파르메니데스는 정곡을 찔렀다. 정신이 위대한 사상들의 경지로 상승하는 것이 항상 옳다 할지라도, 어디에다 발(아니면 나의 경우 꼬리)을 들여 놓고 있는지 주의해야 하는 것이다. 그러나 나의 마음에 든 것은 백사장에 모인 이 서클에서 문제가 열정적으로 논의되었다는 것이고, 제자들이 주저하지 않고 스승의 견해에 이의를 제기했다는 것이며, 마지막으로 이론의 어려움이 현실적으로 존재함을 스승이 결국 인정했다는 것이다. 그 결과로 내가 생각한 것은 이데아론이 자세히 연구될 만한 가치가 있다는 점이었다.

그 이후 나는 얼마간 그것을 연구했다. 그때는 플라톤의 대화

편을 페이랄레우스[그리스 아티케에 있는 항구 도시]로 가는 내리막길의 노점에서 구입할 수 있는 때였다. 나는 이 대화편에서 나에게 친근한 몇몇 개념들을 읽었다. 나의 아버지와 그 친구분들이 일찍이 이 개념들에 나를 입문시켜 주었기 때문이다. 이렇게 감각이 제시하는 자료들이 적절한지 의문을 제기하는 것은 처음부터 그리스 사상의 본질적 요소였다. 이러한 의문화 작업은 소크라테스 이전의 모든 철학자들에게서 발견되는데, 논증에 근거하거나 그저 단순히 도그마로 확립되어 나타난다. 플라톤은 그것을 정당화하려고 애썼다. 동일한 바람이 불지만, 한 사람은 몸을 부르르 떨고 다른 사람은 그렇지 않다고 그는 지적했다. 이러한 조건들 속에서 우리는——우발적인——이 바람을 고찰하여 그것이 우리와는 완전히 독립적으로 그 자체에 의해 차갑다(또는 차갑지 않다)라고 말할 수 있겠는가? 그건 부조리하다 할 것이다. 감각의 다른 자료들에 대해서도 마찬가지 이야기를 할 수 있다. 비록 어떤 자료들과 관련하여 문제의 부조리가 언뜻 보기에 분명치 않을지라도 실상은 그런 것이 아니다. 따라서 다만——당신이나 나와 관련된——상대적인 것만이 있거나, 아니면 예지적인 것이 보다 실제적인 것이다.

플라톤은 **예지적인 것**을 두 '종류'로 보았다. 우선 수학이 있다. 이 점에 있어서 상당 부분 그는 아버지 및 다른 피타고라스학파 학자들과 비슷했다. 피타고라스학파 학자들은 **수가 만물의 본질**이라고 말했었다. 플라톤은 특별히 다르게 생각한 건 아니지만, 실제에 있어서 그는 때때로 이와 관련하여 이상한 내용들을 썼다. 예를 들어 그는——《티마이오스》에서——물질은 병치된 직삼각형들로 이루어져 있다고 적었다. 아니면 또한(분명한 것은 아니지만) 그런 삼각형들이 물질의 내적 존재를 상징한다고 집필했던 것으로 보인다. 나는 여기서 그가 자신이 좋아하지 않았던 시인들처럼 몽상을 하고 환상을 품었지 않나 의심한다. 비록 그가 약간 부주의하였기 때문에 이 시인들 가운데 가장 위대한 사람의 하나가 되고 말았지만 말이다. 그러나 전체적으로 볼 때 플라톤은 '현실'의 어떤 **수학적 짜임새**를 인간들에게 매우 확실하게 드러내 주었다. 그런데 더욱 주목되는 것은 그가 동시에 순수 수학의 한계를 인식했다는 것이다. 실제 그는 《공화국》에서 수학자가 어떤 명제들을 공리들로 제시하고 그것들에 입각하여 추론하지만, 그것들을 정당화하려는 데는 관심을 보이지 않는다고 지적했다. 수학자는 하나의 합의——임의적인 합의——와 이 합의의 결과들 사이에 존재하는 관계에만 관심을 보인다는 것이다. 그런데 플라톤에 따르면, 이러한 측면은 결국 실속이 없다는 것이다. '현실'에 대한 우리의 비전을 오로지 정당화되지 않은 가정(假定)들로 채운다는 것은 불가능하기 때문이다. 따라서 수학적인 순수 기술(技術)이 아무리 아름답다 하더라도, 정신은 그 이상으로 나아가야 하는 것이다. 예를 들어 정신은 물 자체로서 '삼각형'—— '삼각형'의 이데아——이 존재한다고 상정해야 한다. 그리고 삼각형 · 원 또는 공식들 같은 수학적 존재들의 이데아들뿐 아니라——왜 안 된단 말인가?——두 번째 종류의 예지적인 것들도 존재한다고 상정해야 한다. 이 두

번째 종류가 '선(善)' '조약돌' 또는 '말[馬]'의 이데아들 또는 본질들이다.

다른 많은 사람들처럼 나는 동굴의 신화에 매력을 느꼈다. 누가 그것을 모르는가? 동굴 초입에 사람의 모습을 하고 사슬에 묶인 것으로 추정된 포로들 뒤로 이데아들이나 본질들 같은 존재들이 잇달아 지나간다. 그러나 이 불행한 자들은 태양을 통해 동굴 벽에 투영된 그림자들만을 볼 뿐이다. 사슬에 묶인 자들은 그들이 감각으로 포착하는 형태들이 다만 그림자에 불과하다는 것을 알아차리지 못한다. 그들의 무지는 매우 철저하기 때문에 이 그림자들을 존재들로, 즉 실재적 요소들로 간주한다. 언젠가 그들을 각성시키게 되는 것은——일상적이든 과학적이든—— 경험이 아니다. 진리에의 이와 같은 각성을 부추길 수 있는 것은 오직 순수한 사유, 즉 철학뿐이다. 그림자들이 나타나게 만드는 '태양'에 대해 말하자면, 신화에서 그것은 일종의 최상의 '본질,' 즉 '최고선'의 이데아 같은 무언가를 나타낸다.

나는 모든 신화들 가운데 가장 숭고한 이 신화에 대한 명상에 잠겨 에게 해의 돌고래들 사이에서 둥글게 원을 그리며 보낸 그 기나긴 날들을 회상한다. 어떤 식으로든 이 신화는 나를 난처하게 했다. 그것은 소크라테스 이전의 사상가들이 대담 때 나에게 제시했던 그런 견해들을 부정하였기 때문이다——나는 이 대담들에 대해 다시 이야기할 기회가 있을 것이다. 따라서 나는 이 신화가 띨 수 있는 다양한 의미들을 나의 머릿속에서 분명히 하려고 최선의 노력을 기울었다. 내가 제기한 주요한 질문은 **그림**

자들이라는 상징이 무엇을 나타내고 있으며, 이 그림자들과 포로들 사이에 어떤 관계가 있는지 아는 것이었다. 나는 나 자신의 지루한 억지 추론으로 갑갑해하고 싶지 않다. 다만 내가 말하려는 것은 나를 멈추게 했던 어려움이 다음과 같다는 것이다. 그림자들은 고유한 의미에서 볼 때 포로들, 달리 말하면 '지각하는 주체들'이 없다 할지라도 존재할 것이다. 그런데 반대로 어떤 바람이 미지근하다거나 차갑다는 사실은, 이 사실을 확인하는 하나 또는 여러 명의 주체가 없다면 그저 단순히 존재하지 않을 것이다. 대응하는 이데아의 그림자들(또는 이 이데아에 '참여하는 존재들')로서 우리가 경험하는 다양한 조약돌·말〔馬〕들과 같은 것들이 그것들의 속성(색깔·온도 등)들과 협력하여 '참으로 존재한다'고 설정해야 할 것인가, 아니면 이 모든 것이 느끼고 사유하는 집단적 주체들에 어떤 식으로든 종속되는 것이라고 생각해야 할 것인가? 머릿속에 문제를 굴려 보았자 소용이 없는 일이었다. 나는 문제를 해결하지 못했다. 이 문제에 대해 논의하기 위해 나는 한순간 시라쿠사로부터 돌아오는 플라톤의 배를 좌초시켜 몸소 그를 맞이할 생각까지 했다. 그러나 나는 그를 너무 존경했기 때문에 강요된 질문에 답하도록 할 수 없었다. 뿐만 아니라 그는 나를 시인들이 순전히 창작해 낸 비실재적인 존재로 간주하고 있었을 것이다……. 결국 나는 그가 전지적(全知的)이 아니라고 생각했다. 그의 위대한 업적은 흥미있는 가설들을 내놓았다는 것이다. 나는 얽히고설킨 그 모든 실타래를 풀기 위해 단지 그에게만 의지할 필요는 없다고 생각했다.

아리스토텔레스

수십 년이 지난 후 나는 낚시에 걸려들 뻔했다. 그렇다. 낚시에! 필리포스 2세의 아들로서 마케도니아를 계승할 왕자 알렉산드로스는 동물학에 심취해 있는 그의 스승이 세상의 모든 동물들, 지상뿐 아니라 바다의 그 모든 동물들의 견본을 얻어 주기를 원했다. 그리하여 대(大)포획 작업들이 계획되었던 것이다. 세이렌들은 돌고래들보다 더 유연했기 때문에 나는 이 재난을 피할 수 있었다. 그렇지 않았다면 이 재난은 나의 자존심을 상하게 했을 것이다. 바로 이때 세이렌들이 보여 준 경쾌함 때문에 인간들은 지금도 세이렌들이 존재한다는 사실을 의심하고 있는 것이다. 왜냐하면 이 스승은 권위가 있었고, 지금도 여전히 권위가 있기 때문이다. 이 스승의 이름은 아리스토텔레스이다.

그의 동물 연구가 보여 주고 있듯이(왜냐하면 그는 이 연구를 방법적이고 가장 지적으로 연구했기 때문이다) 아리스토텔레스는 학자였다. 나는 그가 '정통'의 모든 학자들 가운데 최초의 학자라고까지 주장하련다. 객관적인 사실에 대한 그의 열정은 사실 전혀 새로운 것이었다. 따라서 이런 관점에서 그는 실제로 학자의 직업을 창조했던 것이다. 그가 단순히 유의하고 기록하는 데 만족하지 않았던 만큼 더욱 그런 것이다. 그는 또한 이론가였다. 더 훌륭한 것은 바로 그가 모든 이론의 도구를 만들었다는 것이다. 이 도구는 다름 아닌 그의 이름을 지닌 논리학이다. '나' 자신이 조금이라도 합리적 추론을 하고 있다면, 다시 말해 많은 사람들과는 반대로 내가 자발적으로 관념들――이 관념들은 그 자체로는 그다지 흥미있는 것이 아니지만, 그것들의 연결은 깨우쳐 주는 힘이 있다고 생각된다――을 결합시킬 수 있다면, 이것은 그의 가르침 덕분이다.

나는 그를 무척 만나고 싶었다. 그리고 마침내 나는 에우보이아 섬의 해변에서 그를 찾아낼 수 있었다. 이 해변은 그가 은거하고 있었던 칼키스라는 항구 도시 근교에 있었다. 이번에 나는 그가 젊은 날에 쓴 동물형태학적 작품의 철저한 성격에 대해 의심하지 않도록 나의 꼬리를 주의 깊게 분리시켰다. 따라서 나는 '세계'에 대해 배우고 싶은 호기심 많은 여대생처럼 나타난 것이다. 우리는 여러 차례 대담을 가졌다. 이 대담 동안에 내가 방금 지적했던 바와 같이, 그는 나에게 정확히 추론하는 방법을 가르쳐 주었다. 뿐만 아니라 그의 가르침이 나에게 알려 준 것은, 인간들이 지나치게 그런 경향이 있듯이 추론을 오로지 **기술** 분야에만 제한시키는 것은 원시적이고 어리석다는 것이다. 인간들은 하나의 담화나 텍스트가 양적인 자료들에 근거하고, 추론을 토대로 구상되며 조직되고 설립되는 것을 볼 때 본능적으로 그것이 결국은 기술적일 **수밖에** 없을 것이고, 따라서 근본적인 큰 사상들에 기여할 수 없을 것이라고 판단한다. 달리 말하면, 그들은 그들의 정신 속에서 추론된 지식과 고도의 명상적 사상을 근본적으로 분리시킨다. 그들은 이 점에서 많이 잘못 생각하고 있는 것이다. 아리스토텔레스가 나를 설득시킨 것은 양자가 함께 간다는 것이었다. 왜냐하면 모든 학자들 가운데 최초의 학자였던 그는 학자가 되기 전에, 다시 말해 정확한 세부 사항에 집착하는 편집광이 되기 전에 모두가 알다시피 철학자였기 때문이다. 거대한 철학자로서 그는 가장 큰 문제들을 진지하게 다루었고 해명했던 것이다.

나는 플라톤을 연구했고 사랑했었다. 그런데 이제 나는 아리스토텔레스에게 귀를 기울인 것이다……. 여기서 '문제의 양상'은 참으로 달랐다! 물론 아리스토텔레스는 플라톤을 매우 고귀한 스승이자 위대한 정신으로 경배했다. 그러나 그는 이데아 이론의 모든 것을 완전히 거부했다. 그의 말에 따르면, 어떤 경험도 모든 개별적인 말(馬)들이 비롯되는 알 수 없는 그 어떤 '말'을 물(物) 자체로서 보여 주지 못한다는 것이다. 마찬가지로 그것은 모든 개별적인 올리브나무들을 창출하는 알 수 없는 그 어떤 올리브나무를 물 자체로서 보여 주지 못한다. 사실 경험이 우리에게 드러내 주는 것은 전혀 다른 것이다. 그것이 확증해 주는 바는 이것이 특별한——요컨대 훌륭한——말이라든가, 이것은 특별한 한 쌍으로서 특별한 말을 낳을 것이라든가, 이것은 특별한 올리브나무로서 또 다른 특별한 올리브나무를 만들어 낼 것이라는 점이다. 아리스토텔레스는 이렇게 계속했다. 그리고 이데아설(說)이 우리의 관찰 사항들을 직접적으로 표현하지 못한다면, 그것은 더 이상 지적으로 만족할 만한 구축물이 아니다. 실제 한편으로 이 이론은 분명히 규정되어 있지 않다. 때로 그것은 모방에 대해 말하고, 때로는 참여에 대해 말한다. 다른 한편으로 이 형태들 가운데 어느 하나를 취하든, 그것은 결국 모순들을 만들어 내고 있다. 어찌하여 조물주가 세계를 창조하기 위해 먼저 존재하는 '이데아로서의 대상들'을 노예처럼 모방할 필요가 있었단 말인가? 그리고 참여에 대해 말하자면, 왜 어떤 말〔馬〕의 '참여'를 단 하나의 이데아, 즉 '말'이라는 이데아로 귀결시킨단 말인가? 우리는 네 발 짐승, 발이 달린 짐승, 그냥 짐승 등의 이데아들에 이 말이 참여하고 있다는 것을 부인할 수 있는가? 아니면 반대로 각각의 개인을 이데아들의 이해할 수 없는 집합체로 귀결시킬 수 있는가? 우리는 이 이데아들이 왜 하나의 통일체를 형성하는지 이해하지 못한다. 그리고 또 개별적 말들 사이의 유사성을 설명하는 것이 '말'이라는 동일한 이데아와 공통으로 유사한 점이라면, 이 유사함 자체는 무엇이 설명하는가? '말'의 '초(超)이데아'가 필요하지 않을 것인가? 등.

물론 아리스토텔레스는 보편의 중요성을 부인하지 않았다. 그는 인간 정신이 보편적인 개념들의 도움을 받아야만 추론할 수 있다는 점을 인정했다. 이 개념들은 대상·형태, 공간에서의 위치 등과 같은 개념들이다. 그러나 그에 의하면 이것들은 인간 존재가 개별적인 다양한 대상들을 비교하고, 이들 사이의 유사성에 유의함으로써 도출해 내는 개념들이다. 그는 이러한 보편이 하나의 실재를 나타낸다는 것을 인정했다. 그러나——여전히 그의 말에 따른 것이지만——그는 이 실재가 사물들 자체와 별도로 존재하는 실재일 수가 없다는 것이다. 따라서 그에게 예지적 형태들은 감각적 형태들 속에 잠재되어 있는 것이지, 눈앞에 펼

쳐져 있는 감각적 사물들과 독립적으로 '물 자체로서' 존재하지
않는다.

  그러나 아리스토텔레스는 유물론 주창자가 아니었다. 해변에
서 그와 가진 마지막 대담은 나로 하여금 그의 사상이 유물론과
어떤 점에서 멀어지고 있는지를 분명히 이해하도록 해주었다.
이전에 함께 한 저녁들 동안에 그는 원인들의 분류에 대해 자세
히 가르쳐 준 바 있었다. 동인(動因)과 형식적 원인, 궁극적 원인
등 말이다. 그리고 마지막날 저녁, 그는 (자신이 보기에) 하나의
분명한 사실을 특별히 강조했다. 그것은 이 세계에서 일어나는
모든 변화가 원인이 있다는 것이다. 예를 들어 모든 운동의 원인
은 또 다른 운동이라는 것이다. 물론 나는 이때 다소 어리석지만
피할 수 없는 다음과 같은 질문을 그에게 제기했다. "원인이 된
그 운동의 원인이 또 다른 운동일 수밖에 없다면, 우리는 어디서
멈추게 될까요? 우리는 어떻게 무한으로의 역행이라는 패러독스
로부터 벗어날 수 있을까요? 어떤 의미에서는 운동이 아닌 최초
의 운동이 있어야 할 것입니다." 그는 이렇게 나에게 대답했다.
"그래, 부동의 '최초 동력'이 필요하지. 나도 그것을 생각했으며,
그건 매우 간단하지. 우리는 운동이 그 자체가 부동인 어떤 동력
에 의해 실질적으로 창출되는 경우를 알고 있지. 아름다움이 야
기하는 사랑의 경우가 그런 것이지. 무언가를 사랑하는 존재는
사랑의 대상을 향해서 움직이네. 그러나 사랑받는 대상은 이 운
동을 야기시키기 위해 움직이지 않네. 그것은 자신을 사랑하는
자의 존재를 모를 수도 있어. 이것이 우리의 세계를 무대로 하여

일어나는 다양한 운동들과 변화들의 원인을 포착하게 해주는 이미지이네. 이러한 변화들이 일어나고 있는 이상, 부동의 최초 동력의 역할을 하는 어떤 인력의 극점이 존재해야 하네. 이 동력을 나는 '신'이라 부르지."

알다시피 세이렌들은 다분히 이교(異敎)로 기울어져 있다. 왜냐하면 세이렌들은 자신들을 그만큼의 작은 여신들로 생각하기를 좋아하기 때문이다. 더욱이 사람들은 흔히 이교와 그리스 세계라는 두 개념을 접근시키고 있다. 그렇기 때문에 우선 내가 구현하는 관념, 즉 그리스의 조그만 세이렌이라는 관념은 상당히 정연한 듯이 보이는 것이다. 그러나 우리가 보다시피, 아리스토텔레스의 신은 올림포스에 기거한다고 상정된 족속과 아무런 공통점도 없다. 따라서 내가 이와 관련하여 아리스토텔레스의 제자가 되려면――사실 나는 이런 방향으로 가고 싶은 생각이다――나의 이교적인 내면의 성격 위에 십자가를 새겨야 할 것이다. 이것이 의미하는 바는 내가 그리스도교 세계에 합류한다는 것일까? 보스포루스 해협의 양안에서 매우 강하게 요동치고 있는 그 그리스도교 세계 말이다. 두고 볼 일이다. 아리스토텔레스의 신은 결코 '사랑의 신'이 아니다. 그러나 사랑의 개념은 내가 방금 주목한 바와 같이 이 사상가의 형이상학 속에서 중심적인 역할을 하고 있다. 그렇다. 이것이 진정으로 내가 언젠가 매우 강도 높게 생각해야 할 주제인 것이다.

이오니아인들과 피타고라스학파

나는 너무 늦게 태어났다. 정확히 말해서 약간 너무 늦게 태어났다. 사상의 기원이 지닌 그 최초의 상큼함을 맛보지 못했던 것이다. 나는 애석하게도 그것을 체험하지 못했다. 그것도 정말 간발의 차이로!

좋다. 나는 내가 무슨 말을 하는지 잘 알고 있다! 이집트·메소포타미아·인도·북중국에서 사람들은 수천 년 전부터 많은 사유를 해왔다. 나의 어머니는 이런 이야기까지 했다. 대서양 연안에서 어머니와 이모들이 홀려서 사로잡았던 조개잡이들 가운데 (이 얼마나 오래된 이야기인가!) 어떤 이들은 그녀들이 바다 깊숙이 만들어 놓은 우묵한 감옥에서, 그녀에게 충격을 준 예언적 위대성을 간직한 사상들을 설파했다는 것이다. 그래도 변함없는 것은 순수 사상의 역사에서 본질적인 사건이 내가 세상에 태어나기 몇 년 전에 이오니아에서 일어났다는 점이다. 왜냐하면 당시에 **자연법** 관념이 창조된 것은 행동과 사상에서 자유로웠던 조그만 도시들로 이루어진 이 지방에서였기 때문이다.

이 개념은 너무도 강력하기 때문에 현재에도 그것을 이해하는 철학자가 거의 없다. 내가 그것을 확실히 깨달은 것은 비잔틴에서 철학자들이 강의하는 대강당에 남몰래 침투할 때이다. 이 철학자들은 이오니아인들의 주장들이 지닌 본질을 다음과 같은 단언들로 충실히 요약하고 있다고 믿는다. "탈레스는 '만물은 물이다'라고 말했다." 탈레스가 이렇게 말한 것은 사실이다. 이후에 탈레스의 지적 계보를 물려받은 학자들처럼, 그는 자연을 실제의 자연보다 약간 더 단순한 것으로 간주하는 경향이 있었다. 이 점은 그가 지닌, 말하자면 작은 측면이었다. 그의 본질적인 업적에 대해 말하자면, 이것과 관련하여 장광설을 늘어 놓는 철학자들의 대부분이 이 업적에 대해 의심조차 하지 않는 것 같다. 이 업적은 납덩이 같은 덮개로 감싸고 있는 신화로부터 사유를 구출한 것이다. 그리하여 이 사유에 다른 '곡식'을 주어 '빻도록' 한 것이다. 아마 탈레스는 최초로 아낙시만드로스(또 다른 이오니아인!)와 더불어 현상들을 이 현상들이 드러내는 고유한 규칙성 속에서 연구할 수 있다는 것을 생각해 냈던 것 같다. 걸핏하면 신들의 공상적 변덕이나 종교적 표상들에 의존하는 그런 발상을 하지 않고 말이다. 비록 이 프로그램이 애석하게도 뒤늦게 결실을 맺게 되었지만, 나는 그것이―― 적어도 아주 장기적으로 볼 때――풍부한 약속을 담은 방향을 나타낸다고 확신하고 있다.

뿐만 아니라 탈레스와 관련하여 잊지 말아야 할 것은 당연히 그의 이름을 따고 있다고 보여지는 정리이다. 이 정리는 그로 하여금 한 피라미드의 높이를 그 그림자에 의해서 측정하게 해주었다고 한다. 아름다운 이야기가 아닐 수 없다. 이러한 측면은 그가 물이란 요소를 몰상식하게 격찬한 것을 용서하게 해준다. 이는 나의 요소이지만, 나는 그것을 최고의 '존재'로 설정하는 것을 피하고 있다. 다행히 오류는 신속하게 수정되었다. 이미 아낙시만드로스에 따르면 원초적인 요소는 물도 아니고, 감각들로 포착될 수 있는 어떠한 것도 아니었다. 그것은 아페이론(apeiron), 다시 말해 '무한'이나 '무제한'이었다. 이러한 주장은 내가 보기에 보다 더 합리적이다. ('합리적이다'라는 것은 물론 소(小)합리주의가 아니라 대(大)합리주의의 의미에서 그러하다.) 게다가 감각적인 직관을 초월하는 이와 같은 사유 방식은 영감이 매우 풍부한 이 밀레투스인을 세계에 대한 전대미문의 비전으로 이끌었다. 다음과 같은 주장을 상상해 보라. 지구는 공간 속에서 자유롭게 떠다니고 있다. 별들과 태양은 그것들이 떨어지는 지점으로부터 떠오르는 지점에 도달하기 위해 지구 아래를 지나간다. 이 설명은 이상하지만 적어도 하나의 설명인 것이다.

요컨대 무엇 때문에 감춘단 말인가? 지적으로 말하면 나는 아낙시만드로스에 대해 약점을 가지고 있다. 나는 사유의 사슬 '두 끝을 붙들' 수 있는 인간들을 찬양한다. 나는 한편으로는 세상 만물을 장대히 추상화하는 소리를, 다른 한편으로는 이것들을 통제하는 소리를 듣는 것이다. 그런데 아낙시만드로스는 그런 인간이었다. 당신들 인간들이 사용하고 있는 지리학적인 지도를 창안한 자가 이 사람이라는 것을 생각해 보라! 대단한 것이 아니라고? 인간들이 몇천 년을 지도나 약도 없이 살아왔는지 아는가! 원숭이가 비록 매우 영리하다 할지라도 지도를 그리는 것을 상상할 수 있겠는가? 도나우 강 너머의 활동적인 미개인들 중 하나가 지도를 그리는 것을 상상이라도 할 수 있겠는가? 그럴 수 없다. 왜냐하면 비록 지도의 개념이 분명하다 할지라도, 그것은 간소하게 추상화시키는 능력을 전제하기 때문이다. 원숭이들이나 미개인들은 이런 능력을 누리지 못하는 것 같다.

나는 방금 '추상화(抽象化)'라는 말을 썼다. 그리하여 펜에서 이 말이 떨어지자마자 나의 가계(家系)와 관련된 오랜 추억들이 기억 속에서 떠오른다. 분명히 말해 둘 것은 아버지의 친구들이 속한 집단보다 더 확신 있게, 더 열광적으로, 더 열기 있게 추상화를 실천한 집단은 거의 없다는 것이다. 아! 피타고라스학파에 속한 그분들이 여러 날 동안 아무것도 하지 않고 순수 수(數)의 개념에 매달려 토의하는 모습이 다시 보이는구나! 그러나 그것은 **간소한** 추상화는 아니었다. 간소한 추상화와는 거리가 멀었다. 그것은 신비주의적 추상화였다. 수는 모든 것의 본질이었다. 정의는 완벽한 정사각형들 가운데 으뜸인 4라는 수에 대응했을 뿐 아니라――4라는 수 자체 '였다.' 그리고 그밖의 것은 적절하게 배치되었다. 이러한 이유로 오늘날 현학적인 사상가들 가운데 많은 이들이 그들의 원시성을 비난하고 있다. 그들이 전적으로 틀린 것은 아니다. 스승인 피타고라스는 일종의 마술사로 통했다. 제자들은 그에 관해서 경이로운 것들을 이야기했고, 그의 이름을 감히 입에 담지 못할 정도였다. 뿐만 아니라 그의 모습을 볼 수도 없었다. 그러나 수에 대한 이와 같은 광적인 찬양이 전혀 새로운 길을 열었다는 점은 여전히 사실이다. 그것은 전혀 들어 보지 못한 개념적인 대담한 작업들을 정당화시켰다. 다만 이 개념적 작업들이 지닌 수학적 우아함이 분명하기만 하면 되었다. 피타고라스학파의 인물들은 지구가 극도로 단순한 기하학적 모습을 지닌 하나의 구(게다가 그들은 월식 때 지구가 달에 드리우는 둥그런 그림자가 이러한 가정을 확실하게 해준다고 지적했다)라고 말한 최초의 사람들이었다. 사실 이런 측면 외에도 그들이 말한 것은 지구가 다른 모든 천체들…… 그리고 태양과 마찬가지로 어떤 '중심적 불덩이'를 중심으로 회전하는 천체의 역할을 한다는 것이다. 그런데 이러한 종류의 가정들은 너무 큰 위험을 안고 있기 때문에, 오늘날 알렉산드리아에서 교육되는 학문은 그것들을 진지하게 받아들일 수 없는 것이다. 나 자신도 어떻게 생각해야 할지 잘 모르겠다. 반면에 나는——그들과 마찬가지로!——그들이 하나의 현의 합리적 세분이 하모니의 원천인 음정에 대응한다는 사실을 발견한 것에 대해서는 대단한 가치를 부여한다. 문제의 하모니는 많은 사람들을 감동시켰고, 이런 사실은 필로라오스로 하여금 소리가 소리를 창출하는 악기와 연결되어 있듯이 영혼은 육체와 연결되어 있다고 가르치게 만들었다. 이러한 이유로 그는 영혼을 '육체의 하모니'라고 일컬었다. 나는 이와 같은 비(非)유물론적 이미지를 좋아한다. 그의 시는 아마 어떤 지혜를 내포하고 있는 것 같다.

사람들이 어떤 말을 할 수 있었든, 분명한 것은 피타고라스——아니면 그의 학파——덕분에 그의 이름을 딴 유명한 정리(피타고라스 정리)가 나오게 된 것이다. 이 정리는 매우 어려운 정리이지만——한 번 시험해 보세요!——더할나위없이 다양한 분야에서 적용될 수 있다. 이러한 측면은 수학적 추상화가 지닌 놀라운 풍요로움을 완벽하게 드러내 준다. 이 정리의 증명이 수에서 만물의 본질을 보았던 사상가들에 의해 이루어졌음은 당연한 이치이다. 이 사상가들은 그들의 시대를 전후로 하여 어떤 다른 사상가들보다 급진적으로 이러한 시각을 가졌다. 물질을 이처럼 탈사물화시키는 현상은 그야말로 미친 짓처럼 보인다. 그러나 누가 아는가? 다음을 기다려 보자…….

파르메니데스와 헤라클레이토스

피타고라스학파의 사람들이 훌륭한 사상들만을 가졌던 것은 아니다. 유감스럽게도 그렇지 못했던 것이다! 나는 그들의 더할 나위없이 망상적인 노작(勞作)들로 신속히 옮겨 가지 않은 것을 후회하고 싶다. 그러나 나는 이들 가운데 하나를 특기하지 않을 수 없다. 왜냐하면 그것이 유발한 논쟁들과 결과들 때문이다. 나는 짝수·홀수 그리고 무한에 대한 그들의 탐구, 아리스토텔레스가 이야기한 그 탐구를 생각한다. 홀수는 정의 자체에 의해 둘로 나누어질 수 없다는 사실로부터, 피타고라스학파는 홀수를 나누어질 수 없는 것의 상징으로 간주하고자 했던 것이다……. 나도 물론 그렇게 하고 싶다. 그들은 반대적인 이유로 짝수를 나누어질 수 있는 것의 상징으로 간주했다——이것도 물론 인정해 줄 수 있다! 그러나 그들은 짝수에서 **무한으로 이어지는** 정제성(整除性)의 상징을 도출하고자 했고, 이 짝수를 이와 같은 상징으로 간주하고자 했다. 마치 모든 짝수가 무한히 나누어질 수 있는 것처럼 말이다. 이는 분명 하나의 난센스이다. 바로 여기서 모든 상징 체계는 소멸하고 만다. 이보다 더 나쁜 것은 이와 같은 토대 위에——적어도 이 토대는 허약한 것이다!——그들이 '무한정으로 반복할 수 있는 과정'에 대한 직관, 요컨대 무한의 개념을 근거했다는 것이다. 이러한 면은 그들의 적들이 즉시 결점을 알아차렸기 때문에 그만큼 더 슬픈 일이다. 이 적들은 차례로, 아마 식견이 부족했기 때문이겠지만 무한의 개념 자체로 공격을 확대했다. 분명 그들은 피타고라스학파가 이 무한의 개념에 부여한 괴상한 토대와는 독립적으로 그것을 생각할 수 있음을 알아내지 못했을 것이다. 무한의 개념이 그리스 세계에서 지속적으로 당한 불신은 아마 다른 이유가 없었던 것 같다.

이 문제와 관련하여 피타고라스학파의 적은 엘레아학파의 파르메니데스와 제논이었다. 이 두 사람은 무제한의 개념에 반대하였다. 모든 사람들이 제논을 알고 있는 것은 그의 유명한 역설들 때문이다. 그러나 두 사람 가운데 파르메니데스가 사실 매우 위대한 정신의 소유자이다. '존재(에트르)'에 대한 엄격하고 끔찍한 사상가로서 그의 위세는 오늘날까지도 전율케 만들고 있다.

어쨌든 우리의 대담을 회상하면 나 자신도 부들부들 떨린다. 물론 대담을 한 곳은 이탈리아 남부에 있는 한 백사장으로, 내가 처음 헤엄을 치곤 했던 장소로부터 별로 멀지 않은 곳이다. 요컨대 나는 나 자신도 모르게 내면적으로 그를 만나고 싶은 욕망에 불타고 있었다. 그러나 동시에 만나겠다는 생각이 나를 두렵게 만들었으므로 나는 그런 방향으로는 결코 선수를 치지 않았다.

그날 나는 그저 단순히 일광욕을 즐기기 위해 우묵한 암벽 위에서 눈부신 진주모빛을 내는 꼬리를 드러낸 채 세이렌의 모습으로 똬리를 틀고 있었다. 그런데 갑자기 그가 나타났던 것이다. 훤칠한 키에 값비싼 옷을 입고 바위처럼 깎아지른 모습을 하고서 말이다. 첫마디부터 그는 나를 부정했다. 그는 나에게 말했다. "세이렌아, 너는 존재하지 않아! 너의 꼬리는 외관상에 불과해. 너의 머리털 모양, 총명한 처녀 같은 너의 눈도 외관상에 불과한 거야. 외관상에 불과하고, 세론에 불과한 거야. **독사!** 사람들은 제법 도처에서 세이렌이 보인다고 믿고 있지. 그들이 올리브나무 · 조약돌 · 파도의 움직임 등이 보인다고 믿고 있듯이 말이다. 그러나 그들이 그렇게 믿는 이유는 불쌍한 어리석은 자들로서, 자신들의 상상과 감각에 비추어 본 사실을 신뢰하기 때문이지. 그들은 단지 존재만이 존재한다는 것을 믿고, 운동이란 불가능하다는 것을 그들에게 입증해 줄 자신들의 이성을 믿는 게 나을 텐데 말이다." 또한 그는 격에 맞추어 그리스어로 즉석에서 지은 놀라운 긴 시구(詩句)들로 비슷한 많은 이야기들을 해주었다.

뭐라고 대답할 것인가? 나는 지독하게 모욕감을 느꼈다. 주된 이유는 내가 그에게 대항할 논지를 찾아낼 수 없었기 때문이다. 당신 자신이 존재한다는 진실부터 시작해 그가 볼 수 있는 모든 것의 진실을 부인하는 자에게 무어라고 반박한단 말인가? 하지만 결국 나는 그에게 다음과 같은 점을 주목하게 했다. 만약 진정으로 내가 존재하지 않는다면, 그가 그처럼 많은 아름다운 시구들을 나에게 건네 보았자 별 의미가 없다는 것이다. 그러나 이러한 지적도 그에게 그다지 충격을 주지 못했다. 분명 그는 그 자신만의 세계에 살고 있었다.

일단 평범하게 부르주아적인 상식을 발휘해 내가 이로부터 추론한 것은, 우선 파르메니데스의 가르침이 공허하다는 것이었다. 왜냐하면 그것은 결국 '존재(에트르)는 존재하고, 비존재는 존재하지 않는다'는 명백한 점을 싫증이 나도록 반복하는 것이기 때문이다. 이 명백한 점에 장식적으로 덧붙여진 것이 감각의 모든 증언을 꽤 부조리하게 거부하는 것이다. 그렇다면 이 사상가가 다음에 온 많은 훌륭한 정신들에 끼친 비상한 영향을 어떻게 설명할 것인가? 예를 들어 《테아이테토스》에서 플라톤이 말하는 다음과 같은 대목을 어떻게 이해할 것인가? "호메로스처럼 말한다면, 파르메니데스는 존경할 만하면서도 동시에 무서운 인물로 생각된다. 나는 그에게서 매우 고귀한 영혼과 결합된 깊은 정신을 만났다. 나는 우리가 그의 말을 이해하지 못하지 않나 염려되고, 우리가 그의 말이 지닌 진리의 근저를 포착할 수 있는 능력이 훨씬 덜하지 않나 염려된다." 이 문장을 읽고 도전을 받은 나는 후에 파르메니데스가 지닌 위대함, 플라톤이 인정한 그 위대함의 본질을 조금이라도 포착하려고 노력했다. 그러기 위해 나는 파르메니데스의 시뿐 아니라 이 시가 사상가들에게 유발시킨 많은 해설들을 읽었다. 그의 (원문상의) 문장을 보면 이러하다. "존재는 존재한다고 말하고 생각할 필요가 있다. 왜냐하면 존재는 존재하고, 비존재는 반대로 존재하지 않기 때문이다." 사실 이 문장은 그의 사상이 지닌 핵심을 표현하고 있으며, 논리학자가 분석하듯이 그것을 분석하면 순전히 동어 반복에 불과한 것처럼 보인다. 그러나 나는 다시 한 번 그것을 자세히 살펴보면서 '필요가 있다'라는 말이 있음을 알아차렸고, 이 말이 의도하는 것이 지닌 힘을 자각했다. 존재는 존재할 뿐 아니라 그것의 존재를 인정하고 생각하는 일이 절대적으로 필요한 것이다. 그리고(이 점이 가장 중요한 것이다) 이와 같은 행위는 존재가 우리에게 드러내는 모습들과는 전혀 독립적으로 이루어져야 한다. 따라서 파르메니데스의 문장은 두 개의 본질적 관념을 암시적으로 포함하고 있다. 우선 그것은 철학자가 존재의 현상 그 자체 앞에서 느낄 수밖에 없는──놀라움이라고 말해서 안 된다면──경배를 포함하고 있다. 다음으로 그것은 존재의 개념이 어떤 종류의 존재 양태보다 개념적으로 앞서는, 진정으로 절대적 존재라는 그의 확신을 포함하고 있는 것이다. 바로 이와 같은 우선적 지위가 파르메니데스로 하여금 비록 현상들은 시간 속에서 흘러간다 할지라도 존재는 영원하며 (다시 말해 시간에 종속되어 있지 않으며), 현상들은 다양하다 할지라도 존재는 **하나**다라는 설을 확립하게 만들었던 것이다. 그러한 우선적 지위에 대한 자각이 그로 하여금 감각적인 사물들에 대해 말하는 와중에 다음과 같이 쓰게 만들었다. "따라서 이 모든 것은 외관에 따라 태어난 것이며, 지금도 존재하고 있지만 결국 종말을 고할 것이다. 그리고 이 모든 사물들에 대해서 인간들은 각각의 사물을 지칭하기 위해 이름들을 고정시켰다."

파르메니데스가 지닌 부인할 수 없는 장점은 절대에 대한 갈망을 분명히 표현할 줄 알았다는 것이다. 사실 이 절대에 대한 갈망은——거의 모든 사람들의 일상적 삶 속에 무의적으로 묻혀 있지만——인간의 정신 및 마음에 깊숙이 자리잡고 있다. 파르메니데스의 그러한 표현은 이 갈망을 신화·이미지 등으로부터 해방시킴으로써 이루어졌다. 신화나 이미지 등은 그것을 너무도 자주 변질시켰던 것이다. 더욱더 당황스러운 것은 파르메니데스가 이 절대를 무한의 개념에 연결시키기는커녕 엘레아학파의 충실한 인물로서 그것을 유한 속에 가두었다는 것이다. 그가 존재에 하느님의 이름을 부여하지 않은 것 또한 어떤 측면까지는 기이한 것이다. 그러나 실제로는 그런 생각이 그에게 떠오를 수조차 없었다. 왜냐하면 당시의 사람들이 꿈꾸었던 남신들과 여신들은 겨우 나보다 조금 우월한 존재들에 불과했기 때문이다. 이 신들은 하늘에 있는 여러 종류의 세이렌이나 이와 유사한 그 무엇에 불과했던 것이다. 그리고 이 시기에 유대에서 숭배되었던 신조차도 결국 매우 '현상적인' 속성들을 갖춘 것으로 생각되었다. 그러나 파르메니데스는 '사유와 존재는 동일한 것이다' 라는 진정 놀라운 문장을 썼다. 그리하여 그는 말하자면 가장 고귀한 신학적 견해들과 접근했다……. 그것도 사유를 존재의 한 **속성**으로 간주하는 것을 피하면서 말이다. (대단한 묘기가 아닐 수 없다!) 요컨대 내가(비록 세이렌이지만!) 파르메니데스를 찬양하는 것은, 그가 이미지 없는 어떤 하느님을 생각하게 해주는 형이상학적인 '구조'를 인간들에게 가져다 주었다는 점이다. 성화상 파괴를 주장하는 여러분의 현 **바실리우스**[비잔틴 황제의 칭호]는 이러한 구조에서 영감을 얻으면 좋을 것이다. 그럴 경우 그의 사유에 진정으로 다소 부족한 비약이 이루어질 것이다!

나는 헤라클레이토스에 대해서는 그렇게 길게 늘어 놓지 않겠다. 왜냐하면 나는 그를 만나 보지 못했기 때문이다. 그가 살았을 때 나는 어렸었다. 나는 아직 높은 파도와 대적하는 데 익숙지 못했다. 그리고 그는 소아시아의 에페소스에, 다시 말해 나에게 친근한 작은 만(灣)으로보터 멀리 떨어져 살고 있었다. 그는 변화, 대립적인 것들, 투쟁뿐 아니라 전쟁까지──이 모든 것은 나에게 분명 너무 남성적인 것이다!──찬양한 그의 방식과 **로고스**로 인해 유명하다. **로고스**란 무엇인가? 애석하게도 그것을 진정으로 말한다는 것은 불가능하다. 어쨌든 헤라클레이토스는 그것을 정의하는 것을 삼갔다. 이로 인해 흔히 철학자들은 이 동료 철학자의 깊이를 인정하면서 그를 **난해하다고** 규정했다. 내가 들은 바에 따르면, 에우리피데스는 어느 날 소크라테스에게 헤라클레이토스에 대한 의견을 물었다. 소크라테스는 이렇게 대답했다. "내가 그의 작품에서 이해한 것은 전적으로 훌륭합니다. 나는 내가 이해하지 못한 것은 역시 이해가 안 된다고 확신합니다. 그러나 여기서 델로스 섬의 잠수조(潛水鳥)가 필요할 것입니다." 나는 바다 밑 동굴 속에서 델로스 섬의 잠수조들을 만난 적이 있다. 그래서 나는 소크라테스가 제시하는 이미지가 좋다고 보증할 수 있다.

따라서 **로고스**는 제1의 개념이고, 정의할 수 없는 개념이다.

그것은 담론, 담론의 내용과 이성·법뿐만 아니라 '존재'까지 의미할 수 있다. 그것은 헤라클레이토스에게 이 모든 것의 전부이다. 그러나 대립적인 것들의 결합이 그것의 으뜸가는 요소이다. 존재 자체와 법·담론 등과 같은 것들은 어떤 의미에서 그와 같은 대립되는 것들의 갈등적인 결합으로 요약된다. 이로부터 투쟁에서 구원을 찾고 영웅을 찬양하는 행위가 나온다. 나는——이런 말을 해서 안 된다는 이유가 있는가?——서양의 남성이 미래에 헤라클레이토스 사상이 지닌 이러한 측면(이 측면이 중심적이라는 것은 부정할 수 없다)에 지나치게 유혹을 받지 않을까 염려된다. 나는 그가 그 속에서 개인적인 심리적 불안정과 싸움에 대한 병적 취향을 철학적으로 정당화시키는 근거를 발견하지 않을까 염려된다. 이러한 제한적 조건을 제외하면, 나는 다음과 같은 점을 인정하는 데 보다 자유로울 뿐이다. 즉 분명 **로고스**의 개념은 '지혜롭고 정돈된' 사상에 의해 구분지어진 모든 종류의 개념들을 결합하기 때문에, 그것은 많은 것들을 운반해 주는 비상한 힘을 지니고 있음이 확실하다는 것이다. 투쟁의 **로고스**가 있다면 또한 지식의 로고스가 있다. 이 지식은 인간이 추상적인 것들을 축적함으로써 만드는 것이 아니라, 감각적이고 가공되지 않은 그대로의 자료들에 입각해 심층의 탐구를 통해 이룩하는 지식이다. 우선——불가해한 존재로서——인간 자신이 지닌 깊이, 그리고 다음으로 역시 무궁무진한 하나라는 유일자가 지닌 깊이의 탐구를 통해서 말이다. 왜냐하면 비록 전혀 다른 길들을 통한 것이지만, 파르메니데스처럼 헤라클레이토스도 하나라는 유일자의 개념을 생각해 냈기 때문이다. 그는 이 유일자를 하느님이라고 일컫는 데 거의 동의하기까지 했다. 그는 이렇게 썼다. "유일자는 유일하게 지혜로운 것으로서 제우스라는 이름으로 불리기를 원하기도 하고 원치 않기도 한다."

휴! 이 형이상학자들은 나에게 깊은 인상을 주지만 동시에 나를 지치게 만든다. 파르메니데스의 폐쇄되고 정적이며 사물들에 낯선 존재로부터 무엇을 할 수 있고, 무엇을 찾을 수 있으며, 정신을 어떻게 메울 수 있단 말인가? 파르메니데스의 주장은 웅대하고——아마——진실일 것이다. 그러나 그렇다 할지라도 그것은 탐구의 종착점을 형성할 뿐, 탐구의 출발점 구실은 할 수 없다. 헤라클레이토스의 주장에 대해 말하자면——그것 또한 물론 훌륭한 것이다——정확히 반대를 말해야 한다. 배제된 제3자의 논리에 대한 그의 경멸에 이르기까지 온갖 측면에서, 그것은 정신을 선동하고 자극한다. 그것은 탐구를 유발한다. 그러나 지나친 것은 지나친 것이며, 영약(靈藥)은 위험한 것이다. 모순의 찬양은 분명 아주 나쁜 지적 능력으로 유도한다. 특히 내가 염려하는 것은, 그것이 별로 힘들이지 않고 상류 계급의 지식인이라는 아름다운 증명서를 얻으려는 허영기 많은 자들에게 이용되지 않을까 하는 점이다. 진정으로 나는 논리와 관련하여 아리스토텔레스가 구현한 일하는 소의 이미지를 더 좋아한다. 왜냐하면 아리스토텔레스의 논리는 비록 저속해 보일지라도 여전히 가장 도전적인 관념들을 허용하고 있기 때문이다. 뿐만 아니라 그것은 틀이 잘 잡혀 있기 때문에 이 관념들을 허풍으로부터 구별해 주고 있다.

압데라와 원자론자들

압데라는 트라케(발칸 반도의 동부 지역)의 도시로서 엘레아처럼 이오니아인들이 세운 것이다. 그것은 엘레아처럼 철학의 한 진원지였지만 철학에만 집중된 것은 아니었다. 당신들 인간들은 행동과 사업, 그리고 대규모의 무역도 필요로 한다. 따라서 다른 데서와 마찬가지로 압데라에는 무역상들이 있었고, 이들과 짝을 이루는 짐꾼들도 있었다. 그리고 이 짐꾼들 가운데는 프로타고라스라는 이름을 지닌 젊은이가 있었다. 프로타고라스는 어리석은 자가 아니었다. 그는 공부를 했다. 그는 자신의 사유를 그리스 세계를 괴롭히는 문제, 즉 지식의 성격을 연구하는 데 적용했다. 그리하여 그는 훌륭한 독학자로서 하나의 해결책에 이르게 되었는데, 이 해결책은 구상될 수 있는 것 가운데 가장 극단적인 것이다. 그는 오직 감각 기관을 통한 지각만이 존재한다고 생각했다. 그는 이렇게 썼다. "인간은 만물의 척도이다." 달리 말하면 인간은 그 자체가 모든 것의 표준적 '미터자'인 것이다.

피타고라스는 성숙한 나이가 되었을 때 오랫동안 그리스를 편력했다. 그의 가르침은 매우 값진 대접을 받았다. 왜냐하면 상당히 이상한 일이지만 그의 담론은 관중들을 사로잡았기 때문이다. 명확히 〈프로타고라스〉라고 제목이 붙은 플라톤의 대화편에서, 소크라테스는 야외에서 이루어진 모임 하나를 즐겁게 기술하고 있다. 그는 이 압데라인의 제자들 무리가 그의 말을 음료 마시듯이 흡수하기 위해 그를 따라가면서 보여 준 극도의 존경을 강조했다. 그들은 그가 반회전을 할 때면 조심스럽게 비켜섰고, 그가 지나가면 비할 데 없는 존경심을 드러내며 그의 뒤를 따랐다. 매우 분명한 사실은 두 아테네인(소크라테스와 플라톤)이 결국 보이오티아 저편으로부터 온 이 가르침의 스타일이나 깊이에도 매력을 느끼지 못했다는 점이다. 그러나 가끔 나는 그들이 약간은 부당하지 않았나 자문해 본다. 왜냐하면 프로타고라스의 본질적인 주장과 소크라테스의 바람의 원용——바람이 한 사람에게는 차갑게 느껴지고, 다른 한 사람에게는 그렇지 않다는 것——은 처음에는 동일한 방향으로 기고 있기 때문이다. 내가 생각하기에 사상이 두 줄기로 갈라지는 것은 단지 사유가 이미 진전된 단계에서 나타날 뿐이다. 때때로——그러나 조용히 합시다!……——나는 이 문제에 있어서 명쾌함의 영예를 차지할 사람은 프로타고라스라는 위험스러운 생각까지 한다. 왜냐하면 플라톤도 이데아론 내에서 언제나 어떤 애매함(이 이매함은 그후로 철학자들이 훌륭하게 전개시키고 완벽하게 만든 방법이다!)을 가꾸고 있기 때문이다.

그러나 압데라에는 프로타고라스만이 있었던 것이 아니다. 또한——그리고 특히!——원자론의 창시자인 데모크리토스가 있었다. 나는 내 사상의 타당성을 확인하기 위해 오래 전부터 그를 무척 만나고 싶었다. 여기서 내가 말하지 않을 수 없는 것은 아주 어렸을 때부터 내 자신이 자발적으로 만물에 대한 '원자 이론'을 구축했다는 점이다. 이 이론은 내가 생각지도 않았는데 자연적으로 떠오른 것이다. 나는 그것이 약간만 관찰하고 추론한다면 어떤 어린아이한테도 떠오를 수 있다고 생각한다. 나는 동일한 부피이지만 다른 것들보다 더 무거운 것들의 존재를 확인했다. 다른 한편으로 나는 모래알들을 보았을 뿐 아니라 사암들이 분해되는 것도 보았다. 나는 접근시켜 보았다. 내가 보기에, 특히 사암이 그렇지만 일반적으로 사물들이 작은 알갱이들로 이루어졌다는 점은 당연한 것이었다. 이 알갱이들은 밀도가 높은 사물들의 경우 매우 빽빽하고, 밀도가 보다 낮은 사물들의 경우는 덜 빽빽하다. 사실을 말하자면, 이 이론과 관련하여 나에게 떠오른 유일한 의심은 그것이 너무 명백하다는 점으로부터 비롯되었다. 나는 추상적인 것 속에서 현실적인 것의 열쇠를 찾으러 가기 위해서 아버지와 같은 대철학자들이 어떤 동기들을 가지지 않을 수 없었을 것이라고 생각했다. 그러나 나는 나의 조그만 생각을 나만이 간직했다. 그리고 데모크리토스의 존재를 알게 되었을 때 나는 그를 보러 가기로 결심했다.

그를 찾아낸 곳은 내가 그를 만날 수 있으리라 생각한 장소와 대강 일치했다. 그곳은 네스토스 강 하구 쪽이었다. 이 남자는 놀라운 모습을 하고 있었고, 꽤 훌륭해 보였다. 늙은 모습을 한 그는 가난해 보였고, 거의 거지 상태로 전락해 있었다. 그러나 그는 웃는 모습으로 강한 개성을 드러내고 있었다. 그는 인도와 메소포타미아 그리고 이집트도 여행했으며, 이들 나라에서 사제들 및 사상가들과 대담을 가졌다. 그리하여 그야말로 다양한 이론 들의 주창자들과 주고받은 이러한 대화들로부터 그가 얻어낸 것 은 어느 누구도 자신이 모든 것을 안다고 생각하는 일은 건방지 다는 것이다. 따라서 그의 많은 정신적 후계자들과는 반대로(왜 냐하면 원자론은 아주 쉽게 자만을 낳기 때문이다), 그는 뉘앙스뿐 아니라 지적 겸손도 나타냈다. 그는 나에게 아주 친절하게 자신 의 이론을 설명했다. 그것은 나의 이론과 유사했기 때문에 나를 놀라게 하지는 않았다. 그러나 나를 많이 놀라게 한 것은 그가 지닌 사상의 기원이었다. 실제 그가 나에게 밝힌 바에 따르면, 이 기원이 엘레아학파의 철학에 있으며 그가 파르메니데스에게 많은 빚을 지고 있다는 것이다. 고백하건대, 나는 아직도 이 점 에 놀라워하고 있다. 나는 인간들이 수천 년 동안 물리적 세계에 대한 자신들의 표상을 발전시켜 온 방식에 대해 단순하고 합리 적인 관념을 가졌었다. 나는 그들이 깎아서 만든 도구들·돌들 그리고 뼈들의 중요성을 조금씩 발견하는 것을 보았다. 그리하 여 그들이 사물들의 항구성과 이 사물들이 공간 속에서 차지하 는 위치의 항구성을 자각하고, 그것들이 서로 충돌할 수 있고 세 분될 수 있다는 것 등을 자각하는 것을 보았다. 달리 말하면 나 는 그들이 자신들의 기술적(技術的)인 경험에 합리적인 기술적 (記述的) 토대를 조금씩 조금씩 부여하고 있다고 생각했다. 따라 서 나에게 전적으로 명백했던 것은, 문제의 토대가 어린애들조차 도 아주 흔히 구상해 낼 수 있는 그와 같은 종류의 본능적 원자론의 모습을 매우 자연스럽게 띨 수밖에 없다는 점이었다. 그런데 그렇지 않은 것이다! 나는 이 점을 인정해야 하고, 역사 앞에 머리를 숙이지 않을 수 없다. 실제 사태는 그런 식으로 진행된 것이 아니었다. 인간들(아니면 적어도 자신들의 이야기를 들어 줄 청중을 만났던 자들 등)이 현실계에 대한 자신들의 표상을 원숙하게 만드는 데 있어서 그들의 방향을 잡아 주었던 것은, 기술적 경험이 아니라 지극히 맑고 순수한 사유였던 것이다. 이 순수 사유는 우선 위대한 신화들이 창조될 때 거의 몽상적 형태로 나타났으며, 다음으로 형이상학적인 추상 작용의 형태를 띠었다. 따라서 실질적으로 부인할 수 없는 점은 인간들이 실제로 원자론———이 원자론은 매우 초보적이기 때문에 철학적 상승에 있어서 올라가야 할 '첫 계단'일 수밖에 없는 것 같다———에 다다른 것은 엘레아학파의 난해하거나, 또는 잘 알 수 없지만 심오한 주장들을 우회적으로 통과한 후에야 가능했던 것이다!

가장 신기한 것은 이와 같은 사고 과정 속에서 원자론자들이 특별한 어려움을 극복해야 했다는 것이다. 이 어려움은 내가 **은밀히** 추구한 사고 과정에서는 나타나지 않는 어려움이었다. 사실 원자론자의 이론은 원자들이 '빈 공간' 속에서 움직인다는 것을 전제한다. 그런데 파르메니데스는 빈 공간의 존재를 무조건적으로 부인했다! 그의 논지는 언뜻 보기에 비켜 갈 수 없는 것이었다. 그는 말했다. "존재는 존재하고, 비존재는 존재하지 않는다. 그런데 **빈 공간**은 **비존재**를 표현하는 다른 말에 지나지 않는다. 따라서 빈 공간은 존재하지 않는다!" 나는 데모크리토스로부터 너무도 강한 인상을 받았기 때문에 그에게 이와 같은 반박에 어떻게 대답할 것인가 묻는 일을 잊고 말았다. 이 반박은 파르메니데스의 추종자들만이 그에게 제기한 것이 아니었다. 그러나 이러한 망각은 나에게 후회를 거의 불러일으키지 않았다. 왜냐하면 이 반박은 말의 남용에서 나온 것이기 때문이다. 빈 공간은 비존재가 아니라 아무것도 없는 공간의 한 지역이다. 물론 나의 이와 같은 답변은 '공간' 자체(또는 공간의 한 지역)와 '공간(또는 이 지역) 속에 존재하는 것' 사이의 본질적인 구분을 전제한다. 이러한 구분이 불가능하게 되거나 부정된다면, 나의 답변은 더 이상 가치가 없을 것이다. 왜냐하면 문제의 지역 '속에는' 언제나 무언가가, 즉 이 지역 자체가 있기 때문이다. 따라서 우리는 하나의 물리적 이론을 상상할 수 있을 것이다. 이 이론에서 공간(아마 시간과 마찬가지로)은 물질이 변화하는 무대가 아니라, 물질이 공간 자체(그리고 아마 시간 자체)와 불가분하게 연결되는 무대가 될 것이다. 여기서 불가분하게 연결되는 것은 '물질−공간−시간'이라 불러야 할 실체이다. 이 이론에서 파르메니데스의 부정을 상기시키는 빈 공간이라는 개념의 변모가 불가피해지게 될 것이다. 아마 앞으로 수천 년이 지나면 이러한 유형의 이론이 태어날 것이다. 하지만 이것은 현재로서 나를 내맡겨야 할 하등의 이유가 없는 사변이다.

빈 공간의 문제는 원자론의 유일한 어려움이 아니다. 내가 개인적으로 보다 진지하다고 생각하는 또 다른 어려움이 있는 것이다. 왜냐하면 원자론에 도달하기 위해서 내가 나의 사고 과정이라 말한 초보적 과정이 채택될 때에도 이 어려움은 나타나기 때문이다. 모든 것을 고백하자면 나 자신이 문제의 어려움을 의식하지 못했던 것이다. 기이한 일이지만 ——이것은 데모크리토스가 정신적으로 열려 있다는 것을 훌륭하게 예시해 주는 것이다—— 데모크리토스 자신이 우리의 대담 때 나에게 이 점을 가르쳐 주었다. 그는 가르침을 위해 그가 쓴 절묘한 작은 텍스트를 나에게 보여 주었는데, 그것은 '이성'과 '감각'의 대화였다. '이성'은 그 속에서 먼저 발언을 한다. 그것은 이렇게 선언하고 있다. "색깔이 있는 것은 **외관상**이다. 부드러움도 **외관상** 있으며, 맛이 쓴 것도 **외관상** 있는 것이다. 실제로는 다만 원자들과 빈 공간만이 있다." 달리 말하면 이성은 개선적(凱旋的)인 원자론의 대변인이 되고 있다. 그러나 문제의 대화 속에서 감각은 이렇게 반격하고 항의한다. "가련한 '이성'아, 너는 나를 부정하려 하는구나. 네가 너의 믿음의 요소들을 도출하는 것은 나로부터인데 말이다! 너의 승리는 너의 패배이다."

이 단문은 계시적이다. 우선 그것이 보여 주는 것은, 데모크리토스가 자신이 생각했고 사람들이 말한 만큼 파르메니데스의 정신적 후계자가 아니었다는 점이다. 데모크리토스가 단문에서 암묵적으로 감각의 항의에 부여한 지지가 보여 주는 것은, 파르메니데스와는 반대로 그가 감각의 모든 기여를 가치가 없고 일률적으로 무시해야 할 것으로 간주하지 않는다는 점이다. 소녀였을 때 내가 원자론에 다다른 방식에는 **단단한 사물**에 대해 감각이 제공하는 개념의 일반화가 분명히 개입했으며, 이 일반화는 매우 작은 것으로 방향지어진 것이었다. 데모크리토스가 이 대목에서 나에게 밝힌 것은 자신의 영감 근저에 이와 동일한 종류의 무언가가 약간 있었다는 점이다. 그리고 동시에 그는 이러한 드러냄을 통해 표현한 불안을 나로 하여금 공감하도록 자극했다. 이것은 일종의 요술 같은 것을 부렸다는 불안이다. 이론 자체가 필연적으로 함축하는 것이 감각의 증거가 기만적이라는 점이라 할지라도, 우리가 이 이론을 믿는다면 이 증거를 배척하는 것은 부조리하다. 그러나 다른 한편 이 감각이 배척되면 잠식당하고 파괴되는 것은 이론의 토대——이론 구축에 뼈대 역할을 하는 개념들로서, 우리의 감각이 단단한 사물과 운동 등에 대해 제공한 개념들——자체이다. 나는 후에 에피쿠로스를 만났고, 그 이후에는 루크레티우스를 만났다. 그들은 이와 같은 조심성을 지니지 않았다. 사실을 말하자면 그들은 문제의 존재를 의식조차 하지 않았다고 생각된다. 데모크리토스는 이것을 의식하고 있었고, 나는 그가 나에게 그것을 그토록 분명히 볼 수 있도록 해준 데 대해 매우 감사하게 생각한다. 어쨌든 나는 그토록 일반적이고, 요컨대 철학적인 성격의 논지들이 원자론의 견해를 파멸시킬 수 있다고 생각지는 않는다. 일부 사람들이 그에게 제기하는 무게 있는 다른 반박에 대해서도 나는 마찬가지로 생각한다. 이 반박은 결국 색깔도 없고 맛도 없는 세계관을 제시하고 있는 것이다. 이와 같은 마지막 반박에 대해 '끔찍한 것을 통한 반박'이란 존재하지 않으며, 불쾌한 주장도 진실일 수 있다고 쉽게 반격할 수 있다. 첫번째 반박, 즉 데모크리토스 자신의 반박에 대해서 우리는 감각의 자료들에 입각해 이성이 개발한 다양한 개념들 사이의 구분을 표현하고, 이 개념들이 **모두** 거짓은 아니다라고 주장함으로써 답변할 시도를 해볼 수 있을 것이다. 나는 이런 단순한 관념이 어린 세이렌의 고유한 소유물로 영원히 남아 있지는 않을 것이라고, 언젠가는 참된 철학자들이 차례로 그것을 발견할 것이라고 생각한다. 따라서 철학적 원자론이 진짜냐 가짜냐를 알기 위해서는 많은 인내심으로 무장해야 하고, 아주 미세한 것과 이것의 법칙을 연구해야 할 것이다.

지구는 둥글다

데모크리토스는 또한 지구가 납작하며 작은 북의 형태를 하고 있다고 믿었다. 그러나 그는 아버지와 다른 피타고라스학파의 사람들보다 훨씬 후에 살았다. 이들은 내가 이미 지적한 바와 같이 지구가 구의 형태를 하고 있음을 이미 알고 있었다. 이는 수학적 단순성을 통한 접근이 질적인 숙고(熟考)에만 토대를 둔 접근보다 우월하다는 것을 보여 준다! 수학과 경험을 결합시키는 일만이 남았다. 이것이 에라토스테네스가 훌륭하게 이룩한 것이다.

내가 그를 처음으로 본 것은 기원전 3세기의 어느 해인지는 알 수 없지만 날짜는 6월 21일이었다. 그날 정오에 나는 델타에 근접한 나일 강에서 수영을 하고 있었다. 나는 강언덕에서 한 남자가 모래 속에 박아 놓은 막대 그림자를 아주 주의 깊게 측정하고 있는 것을 보았다. 이 지역의 많은 측량사들은 막대기를 주로 이용했지만, 그것의 그림자를 측정하려는 생각은 거의 하지 않았다. 그렇기 때문에 그 광경을 회상할 수 있을 정도로 나는 호기심을 가졌던 것이다. 이듬해 같은 날짜에 우연히 훨씬 남쪽에 위치한 아스완〔나일 강가에 위치한 고대 이집트의 도시〕위쪽에 있었을 때, 나는 여전히 정오에 이 인물을 다시 알아보았다. 이번에는 나의 호기심이 모든 신중한 감정을 앞질렀다. 그런데 내가 그의 발치에 미치기도 전에 그는 나를 현상의 증인으로 삼았다. 나의 윤곽에 전혀 주의를 기울이지 않고 그는 나에게 말했다. "보세요. 이 막대기는 그림자가 전혀 없어요!" 그런데 실제로 그것은 그림자가 없었다. 그는 나에게 말했다. "알렉산드리아에서는 하지나 동지의 정오에도 수직으로 세운 모든 막대기가 그림자를 비칩니다. 지구가 평평하다면 이와 같은 차이는 태양이 매우 가까이 있는 등불 같은 것일 경우에만 생각할 수 있지요. 그런데 모든 훌륭한 저자들이 근거 있는 논지를 통해 주장하는 것은 태양은 멀리 있다는 점입니다. 결론적으로 말해서 지구는 평평하지 않습니다. 그러나 사실 이것만이 아니라 다른 것들도 많습니다. 나일 강의 이 계곡은 매우 오래 전부터 문명화되었기 때문에, 아스완으로부터 델타까지의 거리는——일직선 거리까지——분명히 알려져 있습니다. 그리고 작년처럼 나는 델타에서 막대기의 길이와 하지 때 그것의 그림자와의 관계를 주의 깊게 측정했습니다. 지구가 하나의 구라면, 나는 그것의 반경을 계산할 수 있습니다. 탈레스의 정리(定理)에 따르면, 반경은 이 많은 수량들 가운데 하나가 다른 하나를 통해 내놓은 산물에 다름 아 닙니다."

그렇게 하여 이 작은 인간은 막대기로 강·처녀림·산맥 그리 고 대양들을 포함한 거대한 지구 전체의 용적을 계량하고, 크기 를 측정하며 정신적으로 **이해했던** 것이다. 그날 나는 아주 분명 하게, 그리고 아주 천진하게 말했다. 나는 한 인간의 후손이 된 것이 자랑스럽다고 말이다. (내가 언제나 이러한 감정을 느끼는 것 은 아니다!)

이번에 나는 과학에 관심을 가지기로 마음먹었다. 아르키메데 스는 이 시기에 시칠리아에서 작업을 하고 있었다. 나는 단숨에 그곳으로 달려갔다. 그는 그의 이름을 지닌 원리를 나에게 가르 쳐 주었다. 이 원리는 나와 같이 물 속에서 삶을 살아가는 존재 라면 누구에게나 알아두면 매우 유용한 것이었다. 그는 또한 나 에게 지레와 광학에 관해 흥미있는 것들을 가르쳐 주었다. 에라 토스테네스처럼 그는 수학과 수에 대한 견해를 가지고 있었는 데, 이 견해는 나에게 새로운 것이었고 내가 속한 피타고라스학 파 사람들의 견해와 전적으로 달랐다. 아르키메데스에게는 어떠 한 상징 체계도 없었고, 어떠한 신비적 요소도 없었다. 아니면 적어도 수에 대한 어떠한 신비적 요소도 없었다. 그는 자연 법칙 들에 대한, 다시 말해 만물의 **행태**에 대한 양적 지식──이것이 그가 내놓은 대단한 말이었다──을 갈망했다. 그는 내가 보기 에 만물의 궁극적 성격에 대해서는, 다시 말해 존재론에 대해서 는 거의 관심이 없었다. 나는 사상이 드러내는 이와 같은 극도의 간결성에 익숙해지는 데 어려움을 느꼈다. 내가 그 속에서 본 것(그리고 때때로 지금도 보고 있는 것!)은 일종의 빈곤이었다. 다시 말해 나는 그 속에서 현실적으로 근본적인 문제들에 대한 일종의 움츠러듦을 보았고, 사소하고 중요치 않은 어떤 처리에 속하는 세세하고 조그만 문제들을 고려하려는 방침을 보았던 것이다. 그러나 이 물리학자의 한 제자에게 내가 말하지 않고 숨기고 있는 것을 알려 주었을 때, 그는 나에게 이렇게 화답했다. 그렇게 얻어진 지식의 단단함은 이 지식이 드러내는 비상(飛翔)의 결핍을 광범위하게 벌충하고 있으며, 그것(지식)의 축적적인 성격은 결국 수 세기 아니면 아마 수천 년이 흐르는 동안 그것에 중요성——현재는 그것이 지니지 못한 중요성——을 부여할 것이라고. 지금까지 나는 이 예언이 실제로 실현되는 것을 보지 못했다. 그러나 그 이유는 아마 알렉산드리아도 로마도 아직 물리학에 그렇게 많은 관심을 기울이지 못했기 때문일 것이다. 다행히 나는 불멸의 존재이다. 나는 기다려서 볼 것이다.

반면에 알렉산드리아에서는 사람들이 언제나 수학에 진지하게 관심을 기울였다. (에우클레이데스가 그곳에서 기하학을 창조한 것은 이 도시가 세워진 직후였다.) 그리고 나에게 더욱 흥미있는 천문학에도 관심을 기울였다. 천문학에서는 당당한 진짜 알렉산드리아학파에 대해 이야기해야 한다. 왜냐하면 에라토스테네스 이후 1백 년이 지난 후 히파르코스가 이 분야에서 세차(歲差)를 발견했으며, 프톨레마이오스가 기원후 2세기에 그의 이름을 딴 천동설을 글로 남겼기 때문이다. 알렉산드리아의 이 천문학자들은 지적으로 아르키메데스와 동일한 영역에 있었다. 자리가 잡힌 칼데아의 천문학을 이어받은 그들은 관찰의 명확성과 현상의 추종에 극도의 중요성을 부여했다. 그들은 사변적으로 보이는 모든 것에 대해 불신을 품는 정신 상태를 드러냈다. 많든 적든 피타고라스 학설을 닮은 것은 그들에게 수상쩍게 나타났다는 것을 말할 필요도 없다. 또한 그들은 지구 자체가 백열(白熱)하는 하나의 중심 주위를 돌고 있는 천체라는 피타고라스의 가설을 한목소리로 비판했다. 그러나 나는 가끔 그들이 너무 지나치게 비판을 하지 않았나 자문한다. 문제의 가설은 다른 천체들과 지구 사이의 거리들이 시간 속에서 변화한다는 것을 전제하는데, 이를 통해 그것들의 광채가 드러내는 관측된 다양한 변화들이 설명되고 있다. 따라서 그것은 무언가 정확한 것을 지닐 수도 있으리라. 하물며 나는 사모스의 아리스타르코스의 주장에 대해서도 동일한 것을 말할 수 있으리라. 그는 지구가 태양의 주위를 돌며 자전한다고 과감히 주장하고, 그렇게 하여 계절들과 여러 가지 현상들을 설명했다. 위대한 히파르코스가 이 이론을 조금 급하게 비판했던 것 같다. 내가 이러한 의심을 하게 된 주된 이유는 에라토스테네스가 지구를 측정했던 거의 비슷한 시기에 아리스타르코스가 지구와 달, 지구와 태양을 갈라 놓는 거리들을 산정하는 방법을 찾아냈다는 사실 때문이다. 이로부터 내가 도출하는 것은 아리스타르코스가 양적인 것에 관심을 가졌고, 따라서 진정한 과학자였다는 것이다. 그의 이론을 '망상적'이고 '환상적'이라고 배척하기 전에 이 이론의 결과를 체계적이고 양적으로 검토하였어야 했고, 이 결과를 앞서 말한 프톨레마이오스의 지구 중심적 천동설의 결과와 비교하였어야 했다…….

말이 나온 김에 측량의 문제들에서 내가 발견하는 중요성을 말하고 싶다. 지구의 반경뿐 아니라 지구와 달, 그리고 지구와 태양 사이의 거리를 측량하는 문제 말이다. 측량이 가능했다는 사실은 학자들을 일차적인 기술자로 간주하는 철학자들의 교만한 태도를 쳐부술 수 있는 것처럼 보인다. 달과 태양이 거대한 치즈의 크기를 하고 있다는 것을 입증하고자 한 헤라클레이토스와 에피쿠로스의 추론은 유치하거나 유치한 것에 가깝다. 아리스타르코스가 찾아낸 거리들이 정확하다면, 이 천체들이 지중해보다 훨씬 클 수밖에 없는 것이다.

플로티노스와 성 아우구스티누스

아무도 확실히 그 이유를 알지 못하지만, 루크레티우스 이후로 정신 상태가 변화했다. 결단코 나는 로마 제국의 그 긴 시기를 좋아하지 않는다. 내가 사는 물의 세계에서는 경계벽의 문제들과, 일반적으로 말해서 시민권의 문제들이 타당성이 없다. 미덕·영웅주의 등과 관련된 문제들이 그러하듯이 말이다. 그런데 유감스럽게도 프톨레마이오스와 몇몇 다른 이집트인들을 제외하면, 이 시기의 지식인들은 이런 문제들에만 관심을 가지고 있었다. 따라서 나는 매우 오래된 인내심으로 무장하여야만 했다.

마침내 다행히 플로티노스가 나타났다.

  그 역시 이집트 출신이다. 기원후 3세기 중반에 그가 로마에 정착했을 때, 쇠퇴는 이미 로마 제국을 심각하게 잠식하고 있었다. (예를 들어 갈리아 지방이 일시적으로 상실되어 있었다.) 바로 이것 때문에 로마인들이 활동적 삶보다는 다른 것을 찬양하는 사상에 존경을 나타냈던 것인가? 어쨌든 플로티노스의 가르침은 비상한 성공을 거두었다. 갈레노스 황제와 그의 왕비를 본받아 가장 신분이 높은 인물들이 그의 강의를 들었다. 나도 정말 그렇게 하고 싶었지만 로마까지 헤엄쳐 간다는 것은 어려웠다. 작은 강인 티베르 강이 그 당시에는 매우 혼잡했기 때문이다. 다행히 플로티노스의 부유한 제자들이 그들의 전원 저택에 그를 자주 유숙시켰고, 이것들 가운데 여러 개가 바닷가와 인접해 있었다. 나에게는 이런 곳에서 그를 만나는 일이 더 쉬웠다. 그러나 여기서도 호사스러운 저택에 비례한 수많은 노예들·요리사들, 우두머리 하인들…… 때문에 일은 어려웠다. 그러나 나는 목적을 달성했다. 나는 첫눈에 단순해 보이고 완벽한 성실성을 갖춘 남자와 대면했다. 물론 그는 야심적인 '철학 체계'를 갖추고 있었다. 아주 높은 곳에는 형언할 수 없을 뿐 아니라 생각도 할 수 없는 하나의 '유일 존재'가 있고, 다음으로 정신·영혼 그리고 자연이 있는데, 이것들은 그에게 '존재'의 세 등급을 나타낸다. 마지막으로 물질이 있는데, 이것은 존재하는 모든 것의 어두운 바탕을 이룬다. 그러나 그의 내밀한 사상은 이처럼 너무 현학적인 구축물의 테두리 밖에 위치하고 있었다. 그렇기 때문에 그것은 나에게 단번에 심층적인 것으로 보였다. (왜냐하면 고백하건대 철학 시스템 자체가 나를 당황케 했기 때문이다. 그만큼 나는 그것을 임의적이라고 생각했다.) 6백 년 전, 플라톤은 《향연》에서 인식론의 토대를 세웠다. 이 이론 속에서 감동과 사랑, 즉 에로스는 부대 현상으로 생각되지 않고 이성의 역할에 보완적인 역할을 수행했으며, 결국은 이성보다 더 중대한 결과를 초래하는 것으로 되어 있었다. 플로티노스에게서 나는 진정한 지식에 대한 이와 같은 견해를 재발견했다. 그러나 이 견해는 더욱더 두드러져 나타났다. 그의 관점에 따르면, 그가 때때로 하느님이라고 부르는 유일 존재는 물론 도달할 수 없었다. 그러나 그는 이 존재에 대해 열정적으로 이야기했고, 온 힘을 다해 그를 향하고 있었다. 그는 이렇게 썼다. "모든 존재들은 그(유일 존재)를 원한다. 마치 그들이 그가 없으면 존재할 수 없을 것이라고 예감하고 있듯이 말이다." 다음으로 그는 철학하기 위해서는 관조하라고 설파한다. 인간 존재는 놀라움을 가져야 하고, 휴식 속에 있어야 하며, 관조해야 한다는 것이다. 나아가 그는 본질적인 테마들에 기도를 통해서 접근해야 한다고 권고까지 했다. 그러나 그는 기도를 유일 존재에 대한 갈망의 증거로서 생각했던 것이지, 요구로서 생각했던 것은 전혀 아니다. 내가 신이 존재들을 사랑하는지 그의 견해를 알고 싶다고 질문했을 때, 그의 대답은 아리스토텔레스가 나에게 이미 한 대답과 같았다. 그는 나에게 이렇게 말했다. "신은 사랑을 받는 대상이지 사랑을 하는 주체가 아닙니다. 모든 것은 그를 통해 존재합니다. 그러나 그것은 그의 사랑이나 의지의 행위를 통해서 존재하는 것은 아닙니다." 그는 그가 쓴 문장 하나를 나에게 보여 주었다. "신은 마치 우리를 위해 존재하는 것처럼, 결코 우리를 향한 갈망을 나타내지 않습니다. 우리가 그를 향한 갈망을 나타내지요. 왜냐하면 우리가 존재하는 것은 그를 위한 것이기 때문입니다."

우두머리 하인은 화려한 정원을 가로질러 나를 배웅하여 미궁 같은 주랑 속으로 안내하면서 플로티노스가 전혀 감추지 않았던 것을 나에게 확인해 주었다. 플로티노스가 때때로 전적인 황홀경에 빠진다는 것이었다. 그는 이렇게 쓴 바 있다. "나는 자주 나의 육체로부터 벗어나 나 자신에게 눈뜬다." 그래서 이와 관련하여 그 자신이 '신성 속에서' 느끼는 일종의 '휴식'에 대해 말했던 것이다. 달리 말하면, 그는 이 경험을 궁극적 유일 존재에 대한 일종의 접근——전혀 말로 표현할 수 없는 접근——으로 생각했다. 내가 인정하지 않을 수 없는 것은 이러한 해석이 나를 회의적으로 만든다는 것이다. 왜냐하면 나는 인간들에게 이런 유형의 효과를 창출하는 미약들을 알고 있기 때문이다. 나는 플로티노스의 작품에서 그가 유일 존재에 접근하는 다른 방법들을 상기시키는 대목들을 더 좋아한다. 예를 들면 그가 다음과 같이 분명히 밝히는 대목이다. "가능한 한 우리 안에 유일 존재를 닮은 것을 통해 유일 존재를 기술해야 한다. 왜냐하면 우리 안에는 그에게 속한 무언가가 있기 때문이다." 나는 인간 내에 신적인 것이 존재한다고 보는 관념을 매력적이라고 생각한다. 내가 느끼기에는 바로 이러한 관념을 통해서 플로티노스가 그리스도교와 접근되는 것이다. 사실 나에게 예수 그리스도의 신성에 관한 이론은 인간의 마음――인간 안에 있는 가장 훌륭한 것――이 각각의 개인을 초월하고, 인간들 전체를 지배하며, 플로티노스적인 형언할 수 없는 유일 존재에 신비롭게 합류한다는 가정을 의미한다.

물론 이것이 아우구스티누스의 견해와 정확히 일치하는 것은 아니다. 그러나 그가 고백한 바에 따르면, 쾌락과 직업적 성공에 바쳐진 젊은 시절 이후에 아우구스티누스를 어린 시절의 정신적 세계로 되돌아가게 만든 것은 플로티노스가 쓴 작품의 발견이었다. 그러나 정확히 말하면 그의 어머니 모니크가 그에게 준 그리스도교 교육은 분명한 가르침, 즉 교회의 가르침 속으로 들어가는 것이었다. 그래서 이때부터 어떠한 철학적 법열도 이 탕자의 눈으로 볼 때, '사상-내적 삶-사회'라는 총체 속에 육체적 참여라는 무게를 가질 수 없었다. 내가 이 점을 알아차린 것은 문명화된 세계에서 보면 지진이라 할, 서고트족의 왕 알라리크가 거느린 야만인들이 로마를 점령한 이후였다. 카르타고와 가까운 조그만 항구들에서 어부들·올리브상인들·무역상들 그리고 명사들은 열정적 주교인 아우구스티누스가 그리스도교도들에게 아낌없이 베푼 희망의 메시지가 공개적으로 읽히는 것을 들으면서 삶의 용기와 의미를 되찾았다.

어떤 측면들에서 나는 사람들이 일정한 교회에――따라서 이 교회의 가르침에――대해서 보이는 이와 같은 구체적 충실을 존중하지만, 이 충실은 끊임없이 나를 거북하게 만든다. 《고백록》

과 《신국》에서 나의 흥미를 끄는 것은 다른 것이다. 먼저 아우구스티누스가 그 속에서 전개한 내적 삶의 분석이다. 왜냐하면 그가 이 분석을 한 것은 단순히 심리적일 뿐 아니라 철학적인 목적이 있었던 것이다. 내가 말하려는 바는, **존재하는** 것을 진정으로 이해코자 하는 의도가 있었다는 말이다. 이러한 측면이——철학적 의심의 길들을 통해서——그로 하여금 '나는 존재한다'는 확실성 위에 자신의 사상을 뿌리 내리게 만들었던 것이다. 이는 새로운 발상으로서 나는 그것이 대단한 미래를 가지게 되리라고 어렴풋이 느껴진다. 그는 《삼위일체론》에서 인간들은 자신들이 대답할 수 없는 다음과 같은 많은 질문을 제기한다고 썼다. 우리가 살아 있도록 하는 힘은 공기로부터 오는 것일까, 불로부터 오는 것일까, 원자로부터 오는 것일까? 우리는 이러한 주제들에 대해 의심하고 있다. 그러나 "누가 자신이 살고 있고, 추억하고 조사하고 욕망하며, 생각하고 알고 판단하고 있다는 사실을 감히 의심할 수 있겠는가? 의심하고 있을 때조차도 우리는 우리가 의심하고 있다는 사실을 알아차린다……. 따라서 누군가가 나머지 모든 것을 의심한다면, 적어도 이로부터 비롯되는 것은 그가 의심하는 바가 허용되지 않는다는 것이다." 이 대목을 읽으면 나는 진정으로 매우 안도가 된다. 왜냐하면 그때까지 나는 파르메니데스·플라톤·데모크리토스 그리고 플로티노스 같은 이들의 이야기를 들으면서 지속적으로 마음속에서 이렇게 자문했기 때문이다. "도대체 그들은 자신들이 알고 있는 것을 어디서 포착하고 있는가? 어떻게 그것이 진실하다고 확신하는가?" 나는 아우구스티누스에게서 처음으로 하나의 주장이 아니라 증거가 진술되는 것을 보았다. 물론 나는 이 증거가 세련되게 다듬어져야 하지 않나 생각한다. 내가 그것에 대해 생각하면 그것이 지닌 오류들이 곧 드러난다. 그러나 그것들은 세세한 정밀성과 관련이 있을 뿐이다. 존재의 확실성은 분명히 있다. 그리고 그것은 인간의 인식에 개념적으로 앞선 존재의 확실성이다. 따라서 프로타고라스가 옳고 인간은 만물의 척도라는 것을 가정한다 할지라도, 우리는 적어도 전적으로 확실한 존재의 증거를 가지고 있는 것이다. 수사학자들이 이야기해 보았자 소용 없는 일이다. 우리의 확실성들 **모두가** 말 속에 잠겨 버리는 것은 아니다.

아우구스티누스가 자신의 신학적 주장을 개진하는 가운데 엄격성의 염려에 항상 충실할 수 있었던 것은 아니다. 고백하건대, 이러한 이유로 그의 텍스트들을 읽는 것은 때때로 짜증나는 일이 된다. 그러나 전체적으로 나는 그가 그리스도교를 변호하려는 목표에 따라 움직였다는 것을 아쉬워하지 않는다. 왜냐하면 분명코 바로 이러한 목표 때문에 그는 창조——달리 말하면 '기원의 순간'——의 문제를 제기했고, 그리하여 시간에 대한 문제군을 철저히 새롭게 제시했기 때문이다. 이 기원의 순간 **이전에** 무엇이 있었는가? 그리스 사상에 따르면, 우주는 영원하므로 이런 질문은 제기되지 않았다. 그러나 그리스도교 철학자였던 아우구스티누스는 이 질문에서 벗어날 수가 없었다. 그리고 바로 이것 때문에 그는 **이전**·**지금** 그리고 **이후**라는 개념들에 대한 불안한 오랜 철학적 분석을 하게 되었던 것이다. 그런데 이 분석은 그에게 실망적이었다. 이 실망은 바로 엄격성에 대한 그의 갈망이 그로 하여금 문제의 근본까지 파고들지 않을 수 없도록 만들었기 때문에 비롯된 것이다. 이 근본은 항상 달아나는 것이었다. 모든 사람들이 그의 서글픈 선언을 알고 있다. "시간이란 무엇인가? 아무도 나에게 이 질문을 하지 않을지라도 나는 알고 있다. 내가 그것에 대해 질문을 받는다면 그것을 설명할 작정이다……. 그런데 나는 더 이상 알지 못한다!" 그러나 여전히 사실인 것은 그가 몰두한 분석이 매우 중요한 관념——이 관념이 진실하다면 매우 중요한 것이다——으로 귀결되었다는 것이다. 그것은 다름 아닌 시간 자체에 대한 일종의 상대화 관념이다. 성 아우구스티누스가 볼 때, 시간은 그리스도교도들이 '창세기'라 부르는 최초의 그런 분출 이전에는 존재하지 않았다. 따라서 그것은 '존재'에 비해서 최초인 것이 아니다. 그것이 사물들에 비해서는 최초라 할지라도 말이다. 기이하지 않을 수 없는 관념이다!

이 모든 것은 물론 매우 사변적이다. 그런데 나에게 흥미를 불러일으키는 것은, 그러한 탐구가 나타나서 결국 하나의 의미를 가지는 것처럼 보인다는 사실 자체이다. 미래는 아마 이 탐구에 대해 어떤 빛을 가져올 것이다.

황혼

요전날* 아드리아 해를 왕래하면서 나는 현재 라벤나를 롬바

르디아의 사나움으로부터 보호해 주고 있는 늪지대를 재미있게 탐험했다. 나는 현장에 있었으므로 이 도시의 교회들을 장식해 주고 있는 모자이크를 호기심을 가지고 찬양하러 갔다. 이 방문은 나에게 새로운 힘을 주었다. 목욕실이나 주랑들의 세속적 장식으로 인식된 모자이크 예술은 여러 세기 동안 여전히 아름답게 남아 있었다. 그러나 그것은 전율도 정신도 없이 굳어 있었다. 그런데 야만성이 거의 도처에서 승리하고 있을 때 더할나위 없이 끔찍한 쇠퇴의 바로 그 순간에, 이 예술은 갑자기 생명력을 찾으며 하나의 메시지를 전달하는 주체가 된다. 이 메시지는 사실 천진한 것이지만 천진함 자체 속에 상당히 비상하게 심원한 것이다. 장기적으로──매우 장기적으로──나는 그 속에서 희망의 동기를 본다.

나는 희망의 동기가 필요하다. 왜냐하면 현재 나는 착잡하다는 것을 인정해야 하기 때문이다. 전쟁과 침략 때문이 아니라──나의 입장에서 그것들은 사하라 사막의 어느 벽촌에 메뚜기 떼가 침입한 것 이상으로 나를 동요시키지 못한다──결국 거의 만족을 주지 못하는 지식의 상태 때문이다. 인간들은 경이롭다고 규정될 수 있는 많은 사상들을 가졌었지만, 내가 보기에 바로 이 경이로움의 성격 때문에 그것들은 수상쩍게 된 것이다. 그것들 가운데 여러 사상에 관한 한 나는 그것들이 진실한 것이기를

＊ 우리는 운디네가 성상 파괴를 주장하는 한 황제에 대해 암시하고 있음을 지적한 바 있다. 이 암시는 이 수첩의 집필을 이사우리아조(朝)의 레오(비잔틴의 황제) 시대, 다시 말해 기원후 700년경에 위치시키고 있다.

간절히 바라지만, 진정으로 감히 그렇게 믿지는 못한다. 가장 아름다운 사상들이 드러내는 모호함이 또한 나의 당황에 추가되는 것이다. 알렉산드리아의 필론은 **로고스** 속에서 신 안에 들어앉아 있는 지적 능력을 보았다. 대체적으로 동일한 정신 속에서 성 요한은 예수 안에 구현된 신의 언어를 **로고스** 또는 **말씀**이라 부른다. 이 **로고스**와 헤라클레이토스의 로고스 사이에는 언어적인 것 이외의 다른 관계가 있다고 보여진다. 엄밀히 말해서 나는 이 관계가 규정될 수 없다는 것을 인정한다. 왜냐하면 철학자들은 헤라클레이토스의 **로고스**를 보다 잘 규정하려는 모든 시도가 그것을 절단하는 것과 같다고 나에게 단언하기 때문이다. 그러나 어쨌든 내 안에 있는 무언가가 불신을 한다. 그래서 아주 솔직히 말해서 존재하는 것 전체가, 데모크리토스가 생각했듯이 힘들에 의해 연결된 수많은 원자들로 환원된다면? 이 생각은 물론 자극적인 것이 아니다. 그러나 나의 중심 사상을 반복해서 말하건대, '끔찍한 것을 통한 반박'은 존재하지 않는다. 가장 매력적인 것이 자동적으로 진실한 것은 아니다.

다른 한편 과학적 지식은 분명 지독히 불완전하다. 그리하여 예를 들면 우리는 태양이 지구 주위를 돌고 있는지, 아니면 그 반대가 진리인지 아직 알지 못하고 있다. 마찬가지로 우리의 지식들 가운데 어느것도 원자론을 떠받쳐 줄 수도 약화시킬 수도 없다. 이러한 사실로부터 원자론은 오늘날에도 순수한 철학적 가설로 남아 있으며, 아리스토텔레스와 다른 많은 사상가들에게 귀중한 4원소론과 대립 상태에 있다. 그러나 원자론에는 본질상 오로지 순수한 사상에만 관계되는 것이 아닌 문제들이 있다. 내가 생각하기에 제대로 된 측정들과 경험들은 이 문제들을 심화시켜 줄 것이며——그리고 누가 알겠는가?——아마 설명까지 해줄 것이다. 이 테마는 철학적 중요성을 지니고 있다. 왜냐하면 내가 아리스토텔레스와 그의 제자들의 견해에 동조한다면, 이는 나로 하여금 감각적 형태들——이 감각적 형태들의 변주는 무수하다——에 실존적 실재를 부여하도록 만들기 때문이다. 그런데 만일 내가 데모크리토스에 합류한다면, 나는 문제의 형태들을 단순한 외관으로 간주해야 하는 것이다. 그리고 내가 플라톤의 《티마이오스》의 수학적 관점을 나의 것으로 삼는다면, 비록 전혀 다른 이유 때문이라 할지라도 내가 취해야 할 태도는 데모크리토스와 합류하는 후자이다. 이 수학적 관점은 수학적 추상 작용 내에서 물리적 세계의 궁극적 실재를 탐구하도록 유도하는 것이다. 아우구스티누스를 그토록 사로잡았던 우주론과 우주의 기원(그리고 궁극적으로 시간의 성격)에 대한 철학적 문제들이 그토록 오랫동안 알렉산드리아에서 추구되었던, 과학적 탐구를 연장시키는 그런 과학적 탐구에 의해 언젠가 부분적으로 해명되지 않으리라고 누가 알기나 하겠는가? 불행하게도 우리 시대의 지식인들은 이런 종류의 문제들로부터 점점 더 멀어지고 있다. 그들은 인간 정신이 사실적인 지식에 전혀 의지하지 않고도, 가장 높은 진리에 곧바로 도달할 수 있을 만큼 충분한 힘을 가진 날개를 지니고 있다고 상상하는 것이다. 그들은 잘못 생각하고 있다. 나는 이 점이 매우 염려되는 것이다. 이 모든 것은 결국 다분히 서

글픈 파노라마를 구성한다. 물론 다른 종교들보다, 특히 그리스
도교가 가져온 무한의 차원이 장기적으로 장래의 약속을 배태하
고 있다 할지라도 말이다.

　나는 수 세기 동안 휴식할 계곡을 찾으러 가겠다. 내가 깨어날
때는 상황이 정화되기를 기대하면서.

두번째 수첩

유럽은 불타고 있고, 나폴레옹은 모스크바를 침공하고 있으며, 인간들은 그 어느 때보다 미쳐 돌아가고 있다. 대륙 봉쇄 때문에 나는 현재 양식 있는 어떤 이에게도 헤엄쳐 갈 수가 없다. 나는 강제된 이와 같은 여가의 시기를 이용해 나의 충직한 비서 트리톤(반인반어의 해신(海神)을 말한다)들에게 몇몇 추억들을 받아쓰게 했다.

몽테뉴로부터 베이컨까지

몽테뉴가 사는 성은 바다로부터 지독히 멀리 떨어져 있다. 그리고 도르도뉴 강은 물살이 빠르고 자갈층이 두터워 쉬운 강이 아니다. 어쨌든 세이렌에게는 쉽지 않은 일이다. 그러나 나는 그가 사는 성까지 가야만 했다. (마지막에는 조그만 실개천으로 접어들 각오까지 하여야 했다!) 결국 나는 그곳에 다다랐다. 이곳에 사는 대감은 물결을 헤치고 나오는 나를 보고는 자신의 놀라움을 성공적으로 재치 있게 감추었다. 그가 인간 지식의 범위에 대해 회의적이었으며, 따라서 엉뚱한 것에 열려져 있었다는 것은 사실이다. 결국 나는 역시 그에게 가톨릭이 되었든, 위그노가 되었든 자기 땅에서 서로 살육을 저지른 끔찍한 직업군인들보다는 진정으로 인간적으로 보였던 것 같다. 어쨌든 그는 나를 극진히 맞이했으며, 다만 신판으로 곧 나오게 되어 있는 《수상록》에서 우리의 만남을 언급할 수 없게 된 데 대한 전적인 아쉬움을 표현하였다. 그는 나에게 이렇게 말했다. "당신이 보시다시피 나는 인문주의자입니다. 아니면 어쨌든 나는 그렇게 통하고 있습니다. 에라스무스의 아류들한테 세이렌에 대해 이야기하러 간다는 것은 진정 진지하지 못한 행동이라 봅니다. 그런데 나는 지식인들이 나를 보러 오는 것이 필요합니다. 따라서 나는 있을 법한 것의 어떤 한계를 뛰어넘지 않아야 합니다." 그래서 나는 그에게 나의 기원이 반은 인간이라는 점을 알려 주었다. 게다가 나는 그 자신이 그렇게 제기하는 문제에 대해 조심코자 하는 욕망은 나의 감정과 매우 잘 맞아떨어진다고 확실하게 말해 주었다.

나는 매우 신속하게 그의 매력에 사로잡혔다. 그리하여 반 시간 전에 내가 강물을 타고 올라올 때, 어떠한 무의식적 지상 명령이 나로 하여금 이러한 방문을 하지 않을 수 없게 만들었는지 내가 여전히 자문하고 있었다는 것을 망각할 정도였다. 부분적으로는 몽테뉴와 내가 당시 가졌던 대담 덕분에 지금 나는 문제의 지상 명령을 꽤 잘 간파하고 있다. 사실 나는 당시의 가장 훌

룡한 정신들을 동요시키고 있던 철학, 다시 말해 바로 인문주의를 보다 분명히 알아야 할 필요성을 느꼈었다. 이러한 과제는 쉽지가 않았다. 왜냐하면——나를 맞아 준 주인께서 이것을 잘 설명해 주었다——이 인문주의가 윤곽이 없는 철학이었기 때문이다. 강렬하지만 설이 없고 체계가 없으며, 분명한 것이 아무것도 없었던 것이다. 사상이라기보다는 하나의 정신이었다. 결국 그것은 인간을 발견한다는 감정——물론 열광적인 감정——이었다!

우리는 서로에게 할 말이 많았다. 어둠이 짙게 깔리고, 많은 인간들이 나뭇잎과 황금빛 저녁 뒤로 신적인 존재 같은 것을 생각하는 시간이 될 때까지 우리는 이야기를 나누었다. 그런데 바로 이 순간에 나는 나의 대화 상대자의 도움을 받아서 인문주의의 개화 현상을 이해했던 것이다. 아주 단순한 것이었다. 지난날 추측으로 하위 신들과 최고 신에게 부여되었던 무한한 깊이와 무한한 오묘함이 의심할 수 없이 생존해 있는 한 존재 안에, 다시 말해 그저 단순히 인간 안에 완벽히 현존하고 있음을 사람들이 이제 깨달았다는 것이다——아니면 깨닫고 있다고 생각한 것이다. 그리고 그 깊이와 오묘함을 초월 속에서 간파해 내는 일이 중요한 것이 아니라, 다만 그것들을 인간 자신 안에서 보는 것을 배우는 일(이것은 사실 이미 어려운 과제였다)이 중요하다는 것을 깨달았다. 몽테뉴의 충동적 언어 속에서는 어느것도 무겁지 않지만 모든 것이 언급되고 있다. 그 누가 이런 언어를 가진 몽테뉴보다 나——매우 다양한 사상들을 통해 형성된 나——를 이와 같은 성향에 더 잘 접근하게 해줄 수 있었겠는가? 그러나 내가 양심의 거리낌이 없도록 자문했던 것은 진정으로 이러한 성향이 새로운 시대의 특징이었느냐는 것이다. 나는 이 점을 절대적으로 확신하지는 못했다. 왜냐하면 고대 그리스에서 나는 이미 어떤 순간들에 그런 성향의 발산 같은 것을 포착했기 때문이다. 헤라클레이토스의 단편적 글이 나의 기억 속에 떠올랐다. "너는 네가 어떤 길을 간다 할지라도 영혼의 경계를 발견하지 못할 것이다. 그만큼 그것의 **로고스**는 깊은 것이다." 그러나 몽테뉴는 나를 사물들에 대한 보다 분명한 시각으로 이끌었다. 그는 나에게 이렇게 말했다. "아니지요. 내가 그리스인들에 대해 어떤 찬양을 한다 할지라도——하느님은 내가 그들을 경배하고 있다는 것을 압니다!——나는 헤라클레이토스가 인문주의자들의 조상이었다고 생각할 수 없습니다. 우리 세기의 인문주의자들에게는 '단지 인간'에게만 가해지는 제약——암묵적일 뿐 아니라 무의식적인 제약——이 있습니다. 이 제약의 흔적이 헤라클레이토스에겐 없습니다……. 반면 프로타고라스에게는 이 제약이 명료합니다. 그러나 그는 너무 독단적입니다. 우리 인문주의자들은 사변적인 철학의 밀림 속에서 그렇게 멀리 방황하지 않습니다. 피론의 '나는 무엇을 아는가?' 라는 말이면 우리에게 진정 충분한 것입니다."

어떤 의미에서 보면, 몽테뉴의 회의주의는 나 자신의 불만족의 감정과 유사하다. 나는 이 감정을 예전에 지적한 바 있다. 그럼에도 불구하고 《수상록》의 작가가 그토록 휘두른 '나는 무엇을 아는가?' 라는 말은 나를 약간 허기증나게 했다. 나는 그가 **현**

재 지식이 빈곤한 상태에 있음을 인정한 것이라기보다 일률적인 의심을 표현하고 있다는 인상을 받았다. 내가 생각하기에 지구 중심설이나 원자론이 이의를 제기할 수 없을 정도로 분명히 밝혀졌다 할지라도 몽테뉴는 이런 의심을 품었을 것이다. 그리고 그의 느낌은 이런 문제들에 여전히 남아 있는 공백에서 비롯된 다기보다는 어떤 철학적 명철성——또는 소심함——으로부터 비롯되는 것 같았다. 그런데 이것은 당시 나의 정신 상태가 아니었다. 사람들은 이미 그가 죽기 바로 얼마 전에 폴란드의 코페르니쿠스라는 자에 의해 씌어진 놀라운 천문학 개론에 대해 이야기하기 시작했다. 아리스타르코스의 태양 중심적인 오래 된 가설이 이 개론에서 재발견되었으며, 사람들은 그것이 많은 주의를 끌 만한 단순한 논지를 통해 뒷받침되고 있음을 보았다. 이탈리아에서는 천문학에 관한 한 코페르니쿠스의 신봉자인 갈릴레오라는 자——나는 이 사람에 대해 다시 언급할 것이다——가 매우 전도가 밝아 보이는 물리적 실험들을 실시하기 시작했다. 나는 사상의 이와 같은 폭발을 고려해 몽테뉴보다는 덜 회의적이었다. 물론 만물의 진정한 성격을 아직은 매우 불완전하게 알고 있을 뿐이지만, 이와 관련하여 상당히 의미 있는 진보들은 합당하게 기대될 수 있다고 생각했다.

머릿속에 이런 생각들을 가지고서 어떻게 프랜시스 베이컨을 만난다는 생각을 안할 수 있었겠는가? 불행하게도 베이컨은 강력한 인물이었다. 그는 베룰럼의 남작, 세인트 올번스의 자작,

영국의 재무장관·법무장관 등의 직함을 가졌다. 그는 언제나 온 갖 종류의 경호·보초·수위 무리들과 위협적인 비서들이 '착한 사람들'과의 교제를 단절시키는 그런 인물들 가운데 하나였다고 해도 과언이 아니다. 따라서 나에게 남아 있었던 것은 오직 물을 따라가는 여정이었다. 이 여정은 템스 강이 넓었기 때문에 런던 까지 쉽게 이용할 수 있었다. 게다가 그는 내가 모든 거부를 피 할 수 있는 기습 방문의 효과를 누릴 수 있도록 허용하여야 했 다. 그리고——이건 자세한 이야기로 넘어가는 것이지만——나 는 실제로 이 길을 통해서 내가 구상했던 접촉을 이루었다.

베이컨은 매우 친절하게 자신의 사상을 설명했다. 이 사상은 그를 회의론자와는 전혀 반대의 인물로 만들었던 것이다. 그러 나 그는 진리 탐구에 있어서 습관적으로 추구된 방법들에 대해 서는 회의적이고 비판적이기조차 했다. 그는 나에게 이렇게 말 했다. "사람들——대철학자들을 포함해서——은 대부분 우리의 감각으로부터 온 자료들로부터 출발합니다. 이 점에서 그들은 물론 옳습니다. 그러나 흔히 그들은 자신들이 이처럼 감각의 자 료들로부터 출발하고 있다는 사실을 진정으로 알아차리지 못합 니다! 왜냐하면 비판적인 정신이 전혀 없이 그들은 이 자료들을 극단적으로 일반화시키고, 매우 그릇된 몇몇 일반화를 최초의 반박할 수 없는 자료들로 부당하게 간주하기 때문이지요. 다음 으로 그들은 이 반박할 수 없는 자료들로부터 당연히 그럴 수밖 에 없다고 생각된 세계와 관련된 온갖 종류의 명제들을 끌어냅 니다. 이러한 명제들은 뜬구름에 불과합니다. 마땅히 해야 할 일은——그러나 지금까지 아무도 하지 않았습니다만——언제나 감각의 자료들로부터 출발하되, 만들어지는 가설들을 매단계마다 경험의 판단에 따르도록 주의를 기울이면서 한 발짝씩 전진하는 것입니다." "우리 정신에 필요한 것은 정신의 날개가 아니라 납으로 만든 구두창입니다." 그는 그렇게 강조했다. 방법은 귀납적이다. 왜냐하면 불가피하게 제한적인 수의 자료들로부터 일반적이라고 추정되는 법칙을 가설로서 끌어내고 있기 때문이다. 그러나 이 방법은 의식적으로 귀납적이다. 이러한 측면이 그것을 이전의 모든 접근들보다 무한히 더 확실하게 만들고 있는 것이다. 왜냐하면 연구자는 용의주도할지라도 오류를 유발할 수 있는 다양한 출처들을 머릿속에 간직하고 있기 때문이다. 베이컨은 나에게 이들 가운데 네 개를 열거했다. 그는 이것들을 풍취 있게 '우상들' 이라 불렀다. 종족의 우상(이 표현을 통해서 그가 지칭하는 것은 궁극 원인들을 통한 설명 같은 인간 중심적인 편견들이다), 동굴의 우상(개인적인 편견들), 시장의 우상(또는 이것을 '상업 카페' 의 우상이라 한다. 이는 사회적 편견들이나 낱말들을 정의하는 일을 망각하는 것이다), 그리고 마지막으로 극장의 우상(전통의 무조건적인 수용, 권위 있는 논지에의 추종)이 그것이다.

이 모든 것은 나를 매우 즐겁게 했다고 말하지 않을 수 없다. 내가 고대 세계를 다루며 지적했던 바와 같이, 어떤 사상가의 '체계' 에 대해 무언가를 매번 배울 때마다 나는 이 사상가가 어떻게 이것을 알았는지 자문하곤 했다. 달리 말하면 나는 나를 매혹하는 사상이라 할지라도 여전히 회의적이었던 것이다. 따라서 이와 관련하여 나는 베이컨과 동일한 영역에 있을 수밖에 없었다. 게다가 그는 언젠가 진리의 탄탄한 확신들이 이런저런 이론을 위해 나타날 것이라는 희망을 주었다. 단지 조그만 암영이 이러한 의견의 일치를 (약간) 흐리게 만들었다. 비록 그것이 베이컨이 나에게 가르쳐 준 것에 대해 내가 부여하는 가치를 조금도 감소시키지 않을지라도, 나는 그것을 언급해야 한다. 그것은 베이컨에 따르면, 그가 방금 나에게 보도록 해준 길을 인간들이 추구하도록 만드는 동기들과 관련이 있다. 그는 이렇게 선언했다. "우리는 자연에 복종하면서만이 자연에 대해 승리하는 것입니다." 나는 그 속에서 나의 취향에는 지나친 것이지만, 행동인 · 정략가 · 정치가를 재발견한다. 그것은 **대영 제국은 해양을 지배한다**"는 말이거나 거의 그런 말이다. 나로 말하면 바다에 대해 상상할 수 없는 어떤 승리를 거두는 일보다 그것을 이해하는 것을 더 좋아한다. (바다가 나를 가볍게 흔들도록 하면서 말이다.) 내가 원하는 것은 인간들이 진정으로 필요한 정도 내에서만 자연을 지배하는 것이다. (유토피아는 집어치웁시다! 그런 것은 나로 하여금 내 주제로부터 벗어나게 할 테니까 말이다.)

내가 미셸 드 몽테뉴와 프랜시스 베이컨의 이야기를 계속해서 듣고, 그리하여 그들의 유사점과 차이점을 분석할 수 있게 된 것은 매우 유익한 경험이었다. 그들 사이의 유사점은 분명하다. 둘다 인문주의자이다. (베이컨과 관련하여 내가 조금 전에 인용한 문장은 그의 궁극적 관심이 인간이라는 것을 확인시켜 준다.) 그리고 과거의 방대한 철학적 체계들에 관해서 그들은 둘 다 대체로 동일한 이유들로 회의적이다. 물론 차이는 베이컨이 진리에 확실히 접근하는 하나의 방법——그는 이 방법을 믿고 있다——을 제안한다는 것이다. 이 점이 미래에 대해 생각할 때 그로 하여금 그 회의주의를 초월하게 만들고 있다. 그런데 몽테뉴는 반대로 숨김없이 회의주의에 깊이 빠져들고, 그것으로 자양을 얻고 있는 것이다. 그러나 몽테뉴의 회의주의는 전적으로 미소를 짓고 있다. 그리하여 어떤 의미에서는 《수상록》의 작가가——역설적이지만——베이컨만큼 낙관적이다. 요컨대 그도 베이컨만큼 무사무욕적인 지식의 미래를 신뢰하고 있으며, 이 미래에 아마 보다 내재적인 가치를 부여하고 있는 것 같다. 실제 그는 인간 영혼의 무한한 오묘함을 분명히 믿고 있다. 그리고 사람들이 환희를 느끼며 이 영혼의 감춰진 보물들을 끝없이 탐험할 것이라고 확신하고 있는 것 같다. 그들이 욕망의 대상으로 삼는 것은 동일한 지식이 아니다. 그러나 어쨌든 양쪽 모두에게 중요한 것은 지식이다. 물론 훌륭한 정신들의 이와 같은 다양성은 긍정적이다. 그러므로 그들의 차이점에서 두 문화 사이에 어떤 단절의 씨앗을 보지 않을까 염려하는 것만 제외하면, 나는 두 대화 상대자에 대해 1백 퍼센트 만족일 것이다. '문학인'이 재치만 부리는 사람이 되지 않고, '과학자'가 상스러운 사람만 되지 않으면 좋으련만!

갈릴레오

오, 아르노 강이여! 이 작은 강은 내가 특히 좋아하는 거처였다. 음울한 세월 동안 나는 바로 이 운둔처에서 매복자처럼 고귀한 사상의 불꽃들이 나타나기를 기다렸다. 이 불꽃들은 산발적이었지만 신선함과 광채를 띠고 있었다. 그런데 애석하게도 나는 그것들을 더 이상 결코 다시 만나지 못했다. 단테 시대에 학식 있는 자들과 현자들이 하느님에 대해 가진 관념은 시계 상인의 하느님 같은 거친 관념, 다시 말해 내가 볼테르적이라 말하고 싶은 그런 관념이 아니었다. 그것은 아리스토텔레스와 플로티노스가 방어한 관념과 유사했다. 이 관념에 따르면 세계와 인간의 궁극성은 하느님을 향하는 것이며 경우에 따라서는 영원 속에서, 다시 말해 시간을 넘어 신과 합일한다는 것이다. 이들 학식 있는 자들과 현자들——단테·베아트리체·로라·페트라르카 등의 이름을 상기시키는 것으로 충분하리라——의 내적 삶은 이 관념에 비상하게 열광했다. 그런데 원시인들의 예술, 즉 원근법이 창안되기 전의 예술은 이와 같은 정신 상태를 언어를 넘어서 표현하고 있다. 이 정신 상태는 매우 폭력적인 장면들에서조차도 신비로운 고요함으로 후광을 발하는 것이다. 나는 갈릴레오가 만물에 대한 기계적인 견해를 통해서 천진한 신화들의 범주 속에 있는 우주관을 적어도 수 세기 동안 흔들어 버렸다는 사실에 대해 매우 통탄하였다.

그럼에도 불구하고 나는 갈릴레오라는 인물을 찬양한다. 어느 쾌청한 여름날 내가 은둔해 있던 강가에서 나는 그를 우연히 만났다. 여행자 차림의 한 남자가 그의 어머니인 듯한 나이 지긋한 부인에게 그가 널빤지 위에 굴러가게 한 구슬들을 가리키고 있었다. 그는 이 널빤지의 한쪽 가장자리를 돌멩이 위에 올려 놓았던 것이다. 그리하여 널빤지는 기울어 있었다. 이 행동은 나의 호기심을 자극했다. 따라서 나는 인간의 형태를 취하고는 앞으로 나아가 그들과 대화를 시작했다. 그는 나에게 이렇게 말했다. "이것은 놀이에 불과합니다. 그러나 교훈적이지요. 보십시오. 구슬은 점점 더 빨리 구릅니다. 우리는 그것이 기복이 있는 이 널빤지의 전반부를 달리는 데 걸리는 시간과, 후반부를 통과하는 데 걸리는 시간을 비교할 수 있습니다. 파도바에 확실한 도구들을 갖춘 내 작업장이 있습니다. 나는 이것을 시도해 볼 것입니다." 나는 그에게 무엇 때문에 그런 것을 하려는 것이죠라고 물었다——그는 나에게 말했다. "왜냐하면 이 문제들은 흥미를 불러일으킵니다. 구슬이 점점 더 빨리 구르는 것은, 그것이 무게로부터 파생되는 어떤 힘을 받기 때문이죠. 따라서 우리는 구슬의 속도를 변화시키는 것은 이 힘이라고 추정해야 합니다. 그러므로 이 힘이 존재하지 않는다면, 속도는 변화하지 않을 것입니다. 결과적으로 아리스토텔레스에게는 실례되는 이야기이지만, 어떤 힘에도 종속되지 않는 운동체는 획득된 속도를 보존해야 합니다. 나는 이것을 관성의 원리라 부릅니다."

나는 아리스토텔레스와의 대담에 대해 감동적이고 눈부신 추억을 간직하고 있었다. 따라서 갈릴레오가 그에 대해 한 말은 나에게 상처를 주었다. 게다가 갈릴레오가 분명히 옳다고 느껴졌기 때문에 더욱 그런 것이었다. 그렇지만 나는 형식상으로 한두 가지의 반박 논리를 제시했다. 그리하여 구슬이 약간의 속도를 획득한 후, 나는 널빤지를 수평이 되게 들었다. 구슬은 한순간 여전히 굴렀지만 결국 멈추었다. 나는 그에게 이렇게 말했다. "보십시오. 구슬이 아무런 힘을 받지 않으니 멈추고 있습니다." 그는 나에게 대답했다. "물론 그렇죠. 그러나 그것은 그런 상태에서도 한순간 굴러갔습니다." 나는 여전히 형식상으로 계속 논지를 펼쳤다. 나는 그에게 말했다. "어떠한 힘을 받지 않으면 자신의 속도를 한없이 간직하는 물체들이 이 지상에 있다고 주장하는 것은, 모든 관찰과 반대되는 것이 아닙니까?" 그는 나에게 대답했다. "그렇습니다. 그건 사실입니다. 그것은 즉각적인 관찰과는 상반되는 것입니다. 그런데 당신의 아리스토텔레스는 결국 즉각적인 관찰로 이루어진 끝없는 목록들 이외에 무엇을 했습니까? 그러나 나는 다르게 추론합니다. 나는 우리가 현상들의 내적 구조를 포착해야 한다고 생각합니다. 본질적으로 이 구조는 단순하다는 것과 수학적 성격을 띠고 있다는 것을 말입니다. 따라서 우리는 현상들에 대한 적절한 단순화들——말하자면 적절한 이상화들——을 발견해야 합니다. 그리고 실제적 현상들의 복잡성을 될 수 있는 대로 잘 설명하는 일에 다만 이차적으로 집착해야 합니다. 특수한 경우에 그것은 쉽습니다. 나는 마찰의 힘을 전제하기만 하면 됩니다. 이 힘은 다소 강렬한 힘이지만——지상에서는——전적으로 아무것도 아니지요. 물체가 자신의 환경과 관련하여 멈추고 있을 때는 제외하고 말입니다."

아리스토텔레스는 나에게 이렇게 말했었다. "영혼이 하느님을 향하고 있듯이, 모든 물체는 자신의 '자연적인 장소'를 향하고 있습니다." 그렇다면 이 장소에 도달하고 나면 어떤 일이 일어나는가? 물체는 갈릴레오의 주장과 반대로 저절로 멈추지 않을 수 없다는 것이 명백하다. **반대로** 갈릴레오가 옳다면 물체에 '자연적 장소'란 존재하지 않으며, 따라서 이 장소를 향한 성향, 다시 말해 궁극적 원인도 존재하지 않는다. 적어도 단순하면서도 명백한 이런 유형은 존재하지 않는 것이다. 강들은——진정한 의미에서 ——바다를 **향해서 흐르고** 있지 않고, 구름들도 지평선을 **향해 흐르고** 있지 않은 것이다. 나는 이 점을 유감으로 생각한다. 나는 인간의 시적 직관들——이 직관들은 약간 나의 것들이기도 하다 ——이 일차적으로 진리에 부합하기를 바랐다. 그 대신에 이제 우리는 이 직관들을 내면화시켜야 하는 것이다. 대체 무슨 말이냐고? 그것은 성인의 나이로 넘어가고 있다는 것, 아마 바로 그것일 터이다. 그런 만큼 나는 갈릴레오가 우리로 하여금 이런 단계를 뛰어넘지 않을 수 없게 만들고 있는 것에 대해 불만이 없다.

같은 날 그는 나로 하여금 또 다른 단계를 뛰어넘게 만들었다. 우리는 강어귀 가까이 있었고, 날씨는 고요했다. 우리는 빠른 물살의 흐름을 타고 강을 내려가는 커다란 몇몇 배들을 바라보고 있었다. 갈릴레오는 말했다. "이 배들 가운데 하나의 돛대 꼭대기에서 장루 담당 선원이 자신의 담뱃대를 조금도 던지지 않고 떨어뜨린다고 가정해 보시오. 이 담뱃대가 갑판에 도달하는 시간에도 배는 전진했을 것입니다. 자, 질문을 드리지요. 담뱃대는 갑판의 어느 지점에 떨어질까요?"──나는 말했다. "당신에게 대답할 수 있도록 기다려 주세요. 당신은 장루 담당 선원이 위치한 높이, 배의 속도 등을 나에게 가르쳐 주어야 합니다."──당신은 훌륭한 아리스토텔레스의 후계자로서 추론하고 있군요라고 그는 대꾸했다. "담뱃대를 놓는 바로 그 순간에 그것은 지구와 관련하여 수평적 속도를 갖는데 이 속도는 배의, 따라서 돛대의 속도 자체입니다. 내 견해에 의하면 담뱃대는 이 속도를 간직합니다. 그러므로 그것은 정확히 돛 아래로 떨어집니다."──나는 말했다. "그러나 당신 말이 옳다면 현창들이 닫힐 때, 선체 내부에 있는 사람들은 자신들이 이동한다는 것을 알 수 없겠네요. 그리고 그들이 현창들을 열어 바라본다면, 그들 자신들은 고정되어 있으므로 이동하는 것은 강 안이라고 생각할 수 있겠네요."──그렇습니다라고 그는 나에게 말했다. "따라서 나는 물 자체로서 정지라는 것이 무엇인지 모르며, 물 자체로서 운동이라는 것이 무엇인지는 더욱 모릅니다."

아, 운동·정지 그리고 이것들의 질적인 차이에 그토록 기대를 걸었던 불쌍한 아리스토텔레스여! 여기서 물리학을 통한 그의 패배는 코페르니쿠스의 천문학을 통한 교황의 패배(이 패배 역시 갈릴레오에 의해 야기된 것이다!)보다 나에게 당분간 더 심각해 보였다. 이러한 패배에 치유할 수 없는 파산의 면모를 부여한 것은 아리스토텔레스가 운동과 변화를, **장소**와 **상태**를 거의 구분하지 못했다는 점이고, 따라서 '자연적인 장소를 향하는 성향'이란 발상의 패배가 어떤 종류가 되었든 궁극 원인에 대한 모든 개념의 허구성을 함축하는 것 같다는 점이다. 실제 갈릴레오는 훨씬 더 명확하고, 그렇기 때문에 상관적으로 매우 제한적인 관념들의 범주 속에서 자신의 사상을 전개시켰다. 그에게 중요한 것은 운동학, 다시 말해 좁은 의미에서 운동의 학문뿐이었다. 형태와 구조는 간직하고, 위치만(그리하여 경우에 따라서는 방향만) 바꾸는 물체들의 운동 말이다. 따라서 그가 여기서 반박했던 것은 아리스토텔레스의 역학이지 그의 철학은 전혀 아니다. 그렇지만 '갈릴레오적인 상대성'의 발견은 있는 그대로, 전적으로 근본적이라는 점에는 변함이 없다. 그것이 드러내는 것은 하나의 물체가 등속 운동 상태에 있다기보다 '공간 속의 정지 상태'에 있다는 사실은, 어떠한 관찰적인 자료에 의해서도 확인될 수도 약화될수도 없다는 것이다. 이것이 함축하는 바는 이와 같은 정지 개념에는 의미가 없거나, 아니면 형이상학적 의미밖에 없다는 것이다.

갈릴레오는 이렇게 말했다. "자연이란 책은 수학적 언어로 씌어져 있다. 따라서 이 책을 읽고자 하는 자는 누구나 이 언어를 먼저 배워야 한다." 이 원칙은 선명하다. 그것은 현상들을 '실체적 형태들'이나, 나아가 '불가사의한 특질들'을 통해 설명하는 아리스토텔레스학파나 스콜라학파의 귀중한 시도들과는 반대이다. 그것의 주창자가 몰리에르를 만났다면 분명 갈채를 보냈을 것이다. 마약이 잠들게 하는 이유는 그것이 어떤 잠들게 하는 약효를 지니고 있기 때문이라고 말하는 것은 아무것도 설명하고 있지 않다. 그러나 나는 하나의 문제가 이에 관해 제기될 수 있다는 것을 인정한다. 갈릴레오가 문제의 원칙을 진술하면서 말하고자 했던 것은 아버지와 아버지의 친구들을 따라서 수가 사물의 본질이라는 것이었을까, 아니면 그는 유물론적(또는 이원론적) 입장이었을까? 달리 말하면 그는 물질 자체가 결국은 방정식으로 해결된다고 생각했던 것일까, 아니면 반대로 이 지상의 세계가 사물의 세계이고, 수학에 속하는 것은 사물들 사이의 양적 관계뿐이라고 생각했을까? 나는 그의 업적, 그의 발견들, 그리고 그의 글들에 근거해 볼 때 후자의 가정이 좋은 가정이라고 자신 있게 말할 수 있다고 믿는다. 갈릴레오는 내가 '수학적 메커니즘,' 다시 말해 물리적 세계에 대한 기술(記述)의 시도라 일컫는 것의 토대를 설립했다. 이것은 일상적인 낱말들을 통해서 지칭될 수 있는 사물들이 모든 주체와 독립적으로 존재한다는 것을 문제 없이 인정한다. 그것은 또한 이 사물들이 수학적 특징을 지닌 법칙들에 따른다는 것을 상정한다. 이 메커니즘은 지금까지 눈부신 성공을 거두었다. 나는 이 일련의 성공이 계속될 것인지 아주 궁금하다.

데카르트

17세기에는 머리를 어느쪽으로 돌려야 할지 더 이상 알 수가 없었다. 얼마나 풍요로운 사상의 분출인가! 나는 소크라테스 시대로 되돌아간 것 같은 생각이 들었다. 이것을 제외하면 애석하게도 모든 것이 일어난 곳은 그리스도 대(大)그리스〔그리스인들이 남부 이탈리아 지방에 붙인 이름〕도 아니고, 유럽의 도처였다. 유럽은 방대한 대륙으로서 이 대륙의 많은 큰 도시들이 나의 자연적 요소인 물로부터 극도로 멀리 떨어져 있다. 그러나 인쇄술의 보급이 다행히도 나의 이와 같은 불편을 보상해 줄 수 있다는 것을 알아차렸다. 이제 강물을 거슬러 올라가지 않고도 멀리서 사람들에게 아주 쉽게 질문을 할 수 있는 것이다. 이것은 쉽게 구입할 수 있는 그들의 책들을 참고함으로써 이루어진다. 그리하여 나는 많은 사상가들이 대화보다는 저술 속에서 보다 깊고 보다 진지하게 자신의 생각을 표현하고 있다는 것까지 확인했다.

바로 이런 식으로 나는 데카르트와 그의 사상에 대해 알게 되었다. 나는 《방법서설》부터 시작했다. 내가 보기에 이 책의 각 부들이 모두 동일한 가치를 지니고 있는 것 같지는 않았다. 처음에 데카르트는 그 속에서 하나의 확인을 한다. 그는 이렇게 주목한다──아니면 말한다. 철학은 이전 세기들에서 살았던 가장 우수한 정신들에 의해 발전되었지만, 아직 논쟁에서 벗어난 것은 아무것도 없다. 진리 탐구에 있어서 데카르트 이전에 사용된 방법들과 관련하여 이러한 점은 그에게 베이컨의 것과 유사한 회의를 불러일으켰고, 결국 그로 하여금 보다 확실한 다른 방법을 찾아나서도록 부추겼다. 그러나 영국 철학자와 달리 그는 이 방법의 설립을 경험적 방법들의 개선을 바탕으로, 그리고 이러한 개선으로부터 사람들이 서슴없이 도출해 내는 추론들에서 보이는 용의주도함을 바탕으로 이루어내려고 생각지 않는다. 그의 방법은 본질적으로 연역적인 길을 통해서, 다만 매우 확실한 작은 단계들을 따라서만 전진하면서 나아가는 데 있다. 그의 발상은 매우 단순한 것들이기 때문에 명백히 진실한 것들로 인정되는 사물들로부터 출발해서 그 다음으로 가장 복합적인 대상들의 인식을 향해——'조금씩 조금씩 그리고 단계적으로'——올라가는 것이다. 그 자신이 강조하는 바와 같이 이것은 본질적으로 수학에서 사용되는 방법이다. 그래서 나는——베이컨과 다른 많은 철학자들과는 반대로——데카르트가 순수 철학에 갇혀 있기는커녕, 특히 분석기하학의 창시자로서 초일류의 수학자였다는 사실을 알고도 놀라지 않았다. 그의 말에 따르면, 그가 《방법서설》에서 암시하고 있는 성공은 이 방법이 다른 학문들에서도 동시에 풍요로운 결과를 가져오리라는 확신을 강화시켰다는 것이다.

나는 이 전환점에서 플라톤을 상기시키면서 개념적 어려움을 겪었다. 왜냐하면——나는 이것을 어제 일처럼 기억했다!——플라톤은 수학자가 최초 자신의 가설들이 진리인가, 객관적인 허구인가를 전혀 걱정할 필요가 없다는 점에 주목했기 때문이다. 그리고 그는 이 가설들이 서로 양립할 수만 있다면, 수학자는 그것들을 임의적인 공리들로 제시할 수 있다고 지적했다. 그리고 또 수학자의 모든 노력은 결국 이러한 공리들 위에 정확한 추론 결과들을 구축하기만 하면 된다는 것이다. 이것이 진정 수학자의 활동이라면, 그는 처음에 자기 마음대로 에우클레이데스의 **가설**이 맞다거나 틀리다고 가정하여 이 두 가설의 각각을 토대로 하나의 의미를 가진 하나의 기하학을 구축할 수 있을 것이다. 그러나 세계를 참으로 존재하고 있는 그대로 다루게 될 때——이러한 점을 나로 하여금 지적하게 만들도록 도와 준 것은 여전히 플라톤이다——최초의 입장 결정은 분명 필요한 것이다. 출발점의 가설은 객관적으로 참이거나 객관적으로 거짓이다. 그런데 순수 수학은 우리에게 이 점에 관해 명쾌히 밝히지 못한다. 하지만 이것은 중요한 것이다. 물론 '자명한 것'이 남아 있다. 그러나 처음에 '단순한' 발상들을 정확한 것으로 간주하는 일은 (내가 방금 지적한 이유로) 수학에서는 허용될 수 있다. 내가 보기에 이 점은 자연과학에서는 경솔한 것이다. 그리고 그것은 이러한 발상들이 불가피한 것으로 보일 정도까지 '당연하다'라고 할지라도 경솔하다고 말하고 싶다. 물론 우리는 이 발상들을 도입할 수 있다. 도입하지 않으면 안 되게까지 되어 있다. 그러나 이 발상들은 오직 아마 그럴듯해 보이는 가설의 자격으로서만 도입되어야 하며, 그것들의 결과들과 현상들의 비교——베이컨식으로——만이 제공할 수 있는 확인의 유형을 요구해야 한다.

데카르트는 시간이 조금 지난 후에 형이상학적 대(大)추리를 제안한다. 이 추리는 **코기토**(나는 이 점을 다시 다룰 것이다)로부터 시작하여 이로부터 하느님의 존재를 추론해 내고, 신은 완벽하기 때문에 잘못 생각할 수도 인간을 속일 수도 없다는 고찰——이 고찰은 현재 나를 사로잡고 있는 점과 관련하여 결정적이다!──로 끝나고 있다. 그런데 이 추리가 정확하지 않고……
않다면…… 어떻게 될까? 그런데 실질적으로 이 결론이 정확하
다면, 인간들의 오성 안에 있는 '분명하고 뚜렷한 개념들'은 진
리를 반영할 수밖에 없다. 그리고 인간들은 이 개념들 위에 연역
적 방법을 통해 확실한 지식을 구축할 수 있는 것이다. 그러나
이와 같은 형이상학적 대추리는 데카르트 철학의 일관성에 절대
적으로 필요하다. 그런데 그것이 《방법서설》의 작가가 생각하는
것만큼 그렇게 견고한 것일까? 나의 지느러미가 공격의 포화에
휩싸이게 할 수야 없겠지.

　제한적 조건들에 관해 좀더 계속 이야기하기 위해서 《방법서
설》의 마지막 부분이 나를 매우 놀라게 했다는 점을 말하고자 한
다. 데카르트는 여기서 그가 법칙들에 입각해 설명했다고 주장
하는 많은 현상들──그리고 현상들의 상당히 이의가 제기될 수
있는 일반화들──을 천문학·물리학 그리고 생물학적 입장에
서 검토하고 있다. 그는 이 법칙들이(그는 이 법칙들을 진술하지
않았다!) 모두 처음에 그가 언급한 단순하고 명백한 관념들로부
터 연역되었다고 넌지시 비치고 있다. 그런데 그러한 주장은 전
혀 의심할 여지없이 부당한 것이다. 데카르트는 그 속에서 경솔
한 추론에 자신을 맡기고 있는 것이다. 다른 곳에서는 다른 이들
의 이러한 추론을 비난하고 있는 그가 말이다. 그래서 그는 〈기
상학〉 속에서 목표에 대한 '사격을' 부분적으로밖에 '수정하지'
못했다. 왜냐하면 그는 여기서 문제의 추론들을 받치고 있는 가
정들에 대해 분명히 불완전한 통찰밖에 제공하지 못하기 때문이

다. 그럼에도 흥미있는 것으로 주목해야 할 것은, 그가 《철학의
원리》에서 자신이 만들었다고 인정한 가정들을 정당화하고 있다
는 점이다. 그가 이런 정당화를 위해 설명하는 것은 자신이 물질
적인 사물들과 관련된 이해력 내에 들어올 수 있는 분명하고 뚜
렷한 모든 개념들을 검토했다는 것이고, 자신은 인간들이 형
상·크기·운동 그리고 이것들의 결합을 지배하는 법칙들(기하학
과 역학)에 대해 가지는 개념들 외에 다른 개념들을 발견하지 못
했다는 것이다. 그가 이런 설명으로부터 추론하는 것은 인간이
자연에 대해 지닐 수 있는 모든 인식은 이 설명으로부터만 도출
되어야 한다는 것이고, 물리적 세계에 대한 모든 기술(記述)은 형
상·크기 그리고 운동을 통해 표현되어야 하며, 따라서 자연적인
사물들과 제조된 기계들 사이에는 차이가 없다는 것이다. 이 기
계들을 구성하는 다양한 관들과 용수철들이 굵다는 것을 제외하
고 말이다. 반면에 "자연적 물체들의 작용을 야기시키는 관들과
용수철들은 보통 너무 작아 우리의 감각으로 포착되지 않는다"
는 것이다.

  물질과 관련된 이러한 메커니즘——이는 갈릴레오의 메커니
즘을 급진화시킨 해석이다——은 내가 **근접한 실재론**이라 일컫
는 철학 속으로 들어간다. 왜 '실재론'이냐고? 왜냐하면 사람들
이 그 속에서 '진정으로 존재하는 그대로의' 궁극적 물질의 실
재를 다룬다고 주장하기 때문이다. 왜 '근접한'이냐고? 왜냐하
면 사람들이 그 속에서 분명하고 뚜렷하며 유일한 개념들을 통
해서, 달리 말해 오로지 친근한 일부 개념들——형상·크기·운

동, 그리고 이들의 관계——을 통해서 이 실재를 기술하고 있기 때문이다. 물론 근접한 실재론이 참이라는 것은 전적으로 생각할 만한 것이다. 내가 글을 쓰고 있는 이 세기에서 나는 이러한 가설에 대한 논리적인 반박을 보지 못한다. 그리하여 파도와 더불어 노닐거나 어떤 바위와 부딪칠 때, 물론 나는 그것을 있음직하다고 간주하려는 성향을 느낀다. 그러나 데카르트의 형이상학적 추리의 유효성과 관련한 나의 신중함 때문에, 나는 그가 이 가정이 정확하다는 것에 대한 '이성을 통한 증거'를 전혀 제공하지 못했다고 생각한다. 달리 말하면 나는 다른 많은 것들과 마찬가지로 이 점에 관해서도 차라리 베이컨적인 관점에 동조하는 경향으로 가고 있는 것이다. 내 견해를 말하자면, 이 점에 대해서조차도——근본적인 요점이지만!——결국 뚜렷이 결정을 내리는 것은 경험이다. 물리적 이론들, 그리고 관찰될 수 있는 현상들에 대한 이 이론들의 예측에 의해 적절히 유발된 경험 말이다.

그러나 위에서 진술된 비판들이 데카르트의 회의가 지닌 중요성과 코기토의 중요성을 내가 인정치 못하게 하는 것은 아니다. 이 **코기토**는 단 하나의 문제, 그러나 본질적인 문제에 대해서만 이 의심을 없애는 것이다.

나는 의심에서 시작한다. 물론 많은 그리스 철학자들이 이미 감각이 제공하는 자료들을 문제삼았다. 그러나 그들은 그들의 의심을 체계화하지 않았고, 그것을 추리의 방법으로 명료하게 수립하지 않았다. 데카르트는 체계적이다. 그가 지적하는 것을 보면 우선 대부분의 우리 판단이 절대적인 확신을 누리지 못한다는 것이고, 다음으로 그럼에도 이 판단들 가운데 많은 것들이 매우 수긍할 만하다는 것이며, 마지막으로 실제에 있어서 우리가 어쩔 수 없기 때문에 이러한 판단들을 신뢰하는 일은 옳다는 것이다. 그러나 그가 강조하는 것은 진리를 추구하는 정신에 있어서 있음직한 일을 그처럼 신뢰한다는 것이 몹시 해로운 일이라는 점이다. 결국 있음직한 일을 고려해서는 안 된다는 것이다. 추리를 위해서는 그것을 허위적인 것과 동일한 것으로까지 간주해야 한다. 이러한 토대 위에서 데카르트가 우리들이 사물들을 포착하는 것은, 감각 기관의 도움을 받아서 이루어지는 것이 아니라는 사실을 설정하는 데 어려움이 없다. 그는 《형이상학적 명상》에서 이 점을 힘 있게 강조하고 있다. 그는 열을 받으면 고유성이 전적으로 변화하는 밀랍 덩어리를 예로 든다. 그는 동일한 밀랍이 이와 같은 변화 후에도 그대로 있는지 자문하면서 대답이 '물론 그렇다' 라는 점을 인정한다. 그러나 그가 강조하는 것은, 이 예에서 우리가 밀랍에 대해 가지고 있는 견해가 하나의 시각이 아니며, 이 시각과 비슷한 어떤 것도 아님을 잘 이해한다는 것이다. 따라서 그것은 '정신의 검열' 에 다름 아니다. 그리고 이 점을 잘 이해시키기 위해 진술하는 것은 그가 창문을 통해 거리를 지나가는 사람들을 바라볼 때——모두가 그렇듯이——사람들이 보인다고 틀림없이 말한다는 것이다. 그는 이렇게 지적한다. "그러나 내가 창문을 보는 것이 모자들과 망토들이 아니고 무엇이란 말인가? 이것들은 외부의 탄력을 통해서만 움직이는 유령들이나 모조 인간들을 덮어 감출 수 있다." 그는 계속한다.

"그러나 그들이 진짜 인간들이라고 판단한다. 그리하여 나는 나의 정신 속에 있는 유일한 판단 능력을 통해서 내 눈으로 보고 있다고 믿었던 것을 이해한다."

이 단계에서 데카르트는 상당히 반(反)베이컨처럼 보인다. 이미 말한 바와 같이 내 경우에는 다분히 베이컨이 옳다는 쪽으로 기울어진다. 나는 '형이상학적 대(大)추리'를 언급한 바 있다. 이것은 데카르트로 하여금 자신의 '분명하고 뚜렷한 관념들'의 '절대적'이라 할 수 있는 성격을 믿도록 유도한 것이며——나아가 '정신의 검열'을 신뢰하게 만든 것이다. 그러나 내가 넌지시 알렸던 것은 이러한 연역적 추론이 나를 거의 설득시키지 못했다는 것이다. 왜냐하면 여기서 나에게 형이상학에의 호소가 위험스럽게 보였기 때문이다. 그러나 내가 강조해야 할 것은 적절히 정화된 그의 최초 단계, 즉 '**나는 생각한다. 그러므로 나는 존재한다**'는 단계가 가장 교훈적인 것들에 속한다고 보여진다는 점이다. (나는 이 점을 위대한 개척자라고 생각되는 아우구스티누스와 관련하여 특기한 바 있다!) 모든 것을 의미론으로 환원시키는——그리고 존재의 개념까지 망각하거나, 이 개념을 인간의 말과 관련하여 부차적인 것으로 생각하는——수사학자들과 궤변론자들 앞에서, 아우구스티누스와 데카르트는 겉치레가 있음에도 불구하고 반대 주장의 무게를 확립했다. 내가 인정하는 바이지만 데카르트 자신이 참이라고 판단한 듯한 것과는 반대로, 사실 내가——운디네라는 내가!——보기에 **코기토**는 물질과 독립적인 것으로서, 정신이 그 자체로서 존재한다는 것을 증명하지 않는다. 왜냐하면 나는 **선험적으로** 정신이 물질의 부대 현상에 불과할 수밖에 없을 것이라고 생각하기 때문이다. 반면에 이 **코기토**는 본질적인 기지(旣知) 사항에 대해 나의 주의를 끈다. 즉 '나는 생각한다' 라는 무조건적인 인정이 **사실 자체에 의해** 이의를 제기할 수 없는 하나의 **존재를** 나에게 드러낸다는 것이다. 달리 말하면 **코기토**가 나에게 밝혀 주는 것은 존재의 개념이 의미를 가지고 있으며, 다른 모든 개념들에 비해서 으뜸이라는 맹목적인(맹목적이기 때문에 정면으로 바라보는 일이 드문) 사실이다. 수사학자들과 궤변론자들이 자신들의 노래에 쉽게 도취되고 있을 때 이러한 환기는 필요하다고 할 수 있으리라.

따라서 데카르트 쪽에서 보면, 존재의 개념이 다른 모든 것에 대해서 개념적으로 선행함을 분명히 밝힌 것은 요컨대 대단한 일이다. 그리고 자신의 최초 단계에서(형이상학적 추리가 개입되기 전에) 가장 명백한 개념들까지, 즉 형태·크기 그리고 운동까지 문제삼았다는 것은 역시 찬양할 만한 것이다. 왜냐하면 여러 군데에서 데카르트는 '현실을 진정 있는 그대로' 묘사하는 데 있어서 그것들의 타당성이 당연한 것으로 인정될 수 없음을 완벽히 보여 주었고——나를 설득시켰기 때문이다! 이 타당성은 입증되거나, 아니면 의심스러운 것이다. 그는 입증하겠다는 제안을 했다. 이 입증은 내가 조금 전에 말하고 반복했던 바와 같이 결국 나를 설득시키지 못했다. 따라서 이와 관련하여 판단의 정지가 내가 보기에 가장 합당한 태도로 보인다.

이렇게 해서 근접한 실재론——형태·크기 그리고 운동이라는 '명백한' 개념들이면, '현실을 진정 있는 그대로' 묘사하는 데 충분하다는 주장——과 이와 반대되는 생각, 즉 이 개념들이 그러한 역할에 맞지 않거나 어쨌든 불충분하다는 생각 사이에서 단호한 결정을 내리는 일은 불가능한 것 같다. 그러나——내가 다시 말하지만!——이러한 결정 불가능성이 아마 결정적이지는 않을 것이다. 예를 들어 물리학이 이룩할 미래의 발전이 근접한 실재론의 결과들과 이런저런 관찰 자료들 사이의 진정한 양립 불가능성을 밝히는 일이 일어날 수 있는 것이다. 나는 조용하고 평범한 어느 날, 그런 경우에 대한 논리적 분석을 펼치며 즐거워했다. 엄밀히 말해 의심은 완전히 사라지지 않을 것이다. 그러나 세 가지 가능성 이외의 다른 것은 없을 것이다. 우선 근접한 실재론이 참이고, 감각 기관들이 틀렸다는 것이다. 이 기관들이 도구들에 의해 도움을 받는다 할지라도 말이다. ("관찰 자료들은 위치와 관련된 자료들이라 할지라도 진정으로 존재하는 것을 지칭하는 것은 아니다.") 다음으로 근접한 실재론이 거짓이고 감각 기관들도 틀렸다는 것이다. 마지막으로 근접한 실재론이 거짓이고 감각 기관들은 틀리지 않았다는 것이다. 그런데 분명한 것은 첫 번째 가능성이 순전히 학파적 가설에 지나지 않는다는 것이다. 우리가 감각 기관들이 틀렸다고 인정하면, 근접한 실재론을 고려해야 할 어떠한 이유도 더 이상 없는 것이다. 근접한 실재론의 결과들이 경험적인 자료들과 양립할 수 없다는 것이 언젠가 드러난다면, 유일하게 합리적인 입장은 이 근접한 실재론이 거짓이라고, 다시 말해 버려야 할 것이라고 말하는 것이리라. 그것도 다음과 같은 문제(이 문제는 이러한 사실로부터 순전히 아카데믹하게 되어 버린다)에 대해 진지하게 논의할 필요도 없이 말이다. 즉 "감각 기관들은 기만적인가 아닌가?"

물론 근접한 실재론에 대한 하나의 해석이 원자론이다. 아니면 어쨌든 내가 위에서 진술한 바와 같이 어렸을 때 내가 구축했던 천진한 원자론이다. 이 원자론에서는 모든 물질이 다소 **빽빽**한 '조그만 알갱이들'로 구성되어 있다고 생각된다. 나아가 이 작은 알갱이들에 운동을 부여하면(이것은 틈이 있는 빈 공간을 전제한다), 우리는 근접한 실재론에 분명히 편입되는 사물들에 대한 하나의 비전을 얻는다. 왜냐하면 이 비전은 위치·형태·크기 그리고 운동이라는 '분명하고 뚜렷한' 개념들에만 호소하기 때문이다.

몇몇 자세한 것을 제외하면, 내가 언급했듯이 이 원자론은 데모크리토스의 입장을 잘 반영한다. 그리고 에피쿠로스와 루크레티우스의 입장도 반영한다. 이들은 다만 이 원자론에 그들이 **클리나멘**(다시 말해 우연에 귀속된 역할)이라 일컫는 바를 추가했던 것이다. 이미 플라톤학파에 의해 강력히 의문시된 이 원자론은 일류 사상가들의 정신 속에서 아리스토텔레스가 설파한 4원소설(대지·물·공기 그리고 불로서, 이것들은 나머지 모든 것을 구성한다)에 의해 거의 전적으로 대체되었다. 원자론을 부활시킨 것은 부분적으로 데카르트의 공로이지만, 그보다는 그의 동시대인인 피에르 가생디의 공로가 더 크다. 실제 두 사람 가운데 후자가 에피쿠로스의 가르침에 더 가까웠다. 데카르트에게 "물·대지·공기 그리고 우리를 둘러싸고 있는 다른 모든 물체들은, 다양한 형태와 부피로 이루어진 여러 가지의 조그만 부분들로 (확실하게) 구성되어 있다." (이 점이 그의 주장을 원자론에 접근시키는 것이다.) 그러나 이 부분들 사이의 간격은 "비어 있는 것이 아니라 매우 미묘한 물질에 의해 채워져 있으며, 내가 말한 바와 같이 (…) 이 물질을 매개로 해서 빛의 작용이 전달된다." 에피쿠로스의 주장과 더불어 나타난 의미 있는 그 이견〔우연의 요소가 추가된 것〕에 물체들을 구성하는 '작은 부분들'을 분할할 수 있는 것으로 간주한 데카르트의 이견이 추가된다. 논쟁은 가생디와 더불어 일어났는데, 그가 데카르트의 방법적 회의와 일시적인 이상론을 거부한 사실로 인해 더욱 가열되었다. 그럼에도 바로 이와 같은 논쟁 덕분에 원자론은 사상가들이 보기에 주의를 끌어 마땅한 하나의 견해가 다시 되었던 것이다.

파스칼

방금 내가 그랬던 것처럼 파스칼을 곧바로 생각지 않고는 빈 공간의 문제를 환기시킬 수 없다. 빈 공간이 존재하는지 알기 위해 파스칼이 지휘했던 실험들——그가 조직해 파리로부터 전보로 지도했던 퓌 드 돔의 실험, 그리고 그 자신이 실시했던 생 자크 탑의 실험——은 결정적이었다. 그래서 나도 그 실험들에 참여했으면 좋겠다고 생각했다. 불행하게도 그것들에 대한 생각 자체가 야외에서 기복이 아주 심한 곳을 건너는 것을 요구했다. 그런데 자연은 이러한 일을 위한 재능을 나에게 부여하지 않았다. 따라서 나는 그것들에 대해 간접적으로밖에 이야기하지 못한다. 그러나 나는 첫 실험과 관련하여 파스칼의 매형인 플로랭 페리에가 집필한 보고서를 읽었다. 이 보고서는 '선명하고 분명한' 장르에서 다만 특수한 양식을 지닌 조그만 걸작이 아니다. 그것은 해석의 오류를 피하기 위해 취해진 신중한 조치들을 명료히 열거하고 있으며, 실험의 정확한 실천에 있어서 하나의 패러다임을 형성하고 있다. 이러한 배려는 새로운 것이다. 고대인들은——예를 들어 별들을——관찰했으나 실험하는 것은 매우 싫어했다. 연금술사들은 실험을 했으나 파스칼과 페리에가 생각해 낸 신중한 조치들을 모두 취하지는 않았다. 그런데 이 조치들만이 희망——기대——과 현실을 분명히 구별하게 해주는 것이다. 과학적인 탐구의 성격을 띤 이와 같은 엄밀한 방법들은 유감스럽게도 확산되는 데 오랜 시간이 걸린다. 그러나 내가 보기에 그것들은 약속으로 충만한 것 같다.

파스칼이 기록한 바와 같이 우리는 "자연이 산의 정상보다 산기슭에서의 빈 공간을 몹시 싫어한다고 말할 수는 없을 것이다." 달리 말하면, 파스칼의 실험들은 스콜라 철학자들과 고대인들의 견해와는 반대로 자연이 빈 공간을 전혀 싫어하지 않는다는 것을 확인해 주었다. 그러나 그것들은 데카르트가 지녔던 관념——사실을 말하자면 이것은 매우 사변적인 관념이다——을 반박하지는 못했다. 이 관념은 모든 빈 틈에 존재하며, 빛을 유도하는 것으로 생각된 '매우 미묘한' 물질의 관념이다. 또한 내가 파스칼을 찬양하는 것은 그의 실험적인 성공들보다 훨씬 더 수학에 있어서 그의 천재적인 번득임 때문이다. 우연의 게임에 매우 열중했던 그의 친구인 메레라는 인물이 어느 날 그에게 다음과 같은 질문을 했다. 두 도박꾼이 각자 점수를 땄는데, 중도에서 게임을 멈추어야 할 경우 어떻게 판돈을 나누어야 공평한지 아느냐는 것이었다. 이 어려운 문제의 해결책은 파리에 있는 파스칼과 툴루즈에 있는 페르마에 의해 동시에 나왔다. 그것은 확률론의 창시를 나타낸다. 몇 년이 지난 후, 파스칼은 그의 내적 기도를 멈추게 한 치통을 달래려다가 뉴턴과 라이프니츠의 손에서 미분과 적분으로 나타나게 되는 것에 대한 최초의 정지 작업을 했다.

전적으로 분명한 것은 이 기막힌 도구들——확률론과 미적분——이 없었다면, 물리학은 여전히 초보 상태에 있을 것이라는 점이다. 따라서 과학적 차원에서 볼 때 인간들이 파스칼에게 진 빚은 엄청나다. 종교적 차원에서 볼 때도——아니면 보다 잘 말해서 '내적' 삶의 차원에서 볼 때(왜냐하면 사람들은 이것이 상당히 다르다고 단언하기 때문이다)——그들은 분명 과학적 차원 못지않게 그에게 빚을 지고 있다. 그러나 나와 같은 작은 세이렌은 그러한 주제를 개진하기에는 거의 자격이 없다. 따라서 나는 그것에 접근하는 일을 피할 것이다.

스피노자와 '신'

　나는 파스칼의 《팡세》를 읽었고 매우 찬양했다. 그런데 그 속에 나타난 하나의 사상이 나에게 호기심을 불러일으켰고, 나로 하여금 판단 보류 상태로 만들었다. 그것은 사람들이 '두 개의 무한'이라 일컫는 것의 사상이다. 인간 조건에 대한 보다 정확한 이해를 위해 작가는 그 속에서 옴벌레라는 아주 작은 짐승에 대해, 이 벌레가 지닌 한 개의 다리 끝에 대해, 그리고 이 다리 끝의 원자들에 대해 생각해 보라고 제안한다. 그리고 나서 그는 사유를 통해서 분석을 보다 멀리 밀고 나가 보라고 요구하고, 이 미세한 부분 각각에서 태양, 천체들, 인간들, 옴벌레들, 옴벌레의 다리들, 이 다리들의 원자들 등으로 무한히 이어지는 것들을 포함한 하나의 우주를 보라고 권유한다. 나는 파스칼의 의도를 잘 이해했고, 그의 교육적 방법이 지닌 힘을 이해했다. 그러나 결국 나는 자문하지 않을 수 없었다. 첫번째로 물론 나는 서로에게 무한히 포함되는 '러시아 인형들'로 이루어진 우주의 이와 같은 구조를 결국 문자 그대로 받아들이지 못했다. 그러나 이 점이 나를 중단시키지는 못했다. 왜냐하면 나는 파스칼이 자신의 담론에 대해 우선적인 지지를 독자에게 기대했다고 생각지 않았기 때문이다. 그러나 나는 보다 일반적인 두번째 장애물에 곤란을 느꼈다. 나는 파스칼이 통상적인 개념들——적어도 사물의 개념과 공간에서의 위치 개념 같은 것들——이 모든 단계에서 모두 명백히 유효하다고 생각하는 것 같다고 지적했다. 내가 생각하기에 이러한 태도는 매우 경솔하게 보였다. 사물의 내부를 생각하는 것은 어려운 훈련이다. 데카르트는 물체의 '작은 부분들'이 나누어질 수 있다고 설정했다. 가생디는 반대로 그것들을 '원자'라 규정함으로써 나누어질 수 없다고 설정했었다. 이 모든 것은 결국 실체——사물들이 '이루어진' 실체——의 개념으로 환원된다. 그러나 이러한 관념 자체는 외관상으로만 명쾌한 것이다.

보다 정확히 말하면, 그것은 철학자들이 너무도 깊이 성찰했고 풍요롭게 글을 썼기 때문에 결국은 문제를 매우 복잡하게 만들어 버린 그런 관념들 가운데 하나이다. 간단히 말해 '실체'라는 말은 사상가들 각자가 만물의 존재 문제를 제기할 때, 그가 정신 속에 가지고 있는 바를 지칭하는 것이라고 말할 수 있다. 플라톤은 존재를 '예지성'의 관점에서 본질적으로 연구하고자 했다. 따라서 그에게 만물의 실체는 이 수많은 사물에 공통되는 보편적 형태, 환언하면 이데아 속에 있었던 것이다. 이와 같은 예지성의 고심에 덧붙여 아리스토텔레스는 만물의 '존재'를 그것들의 생성 관점에서, 그리고 보다 일반적으로 그것들의 '실존' 관점에서 연구하려 고심했다. 따라서 그에게 실체는 물질만도 보편적 형태만도 아니었고, 두 개가 하나의 개체적인 유기적 단위체로 형성된 복합체였다. 데카르트로 말하면, 그는 분명하고 뚜렷한 관념들의 개념에 원칙적으로 중요성을 부여했다. 그래서 그에게 어떤 실체를 생각한다는 것은, 무엇보다도 존재하기 위해 자기 자신 이외에 다른 것을 필요로 하지 않는 무언가

(예를 들어 사물의 고유성이나 **속성**과는 반대되는 무엇)를 생각하는 것이었다. 창조론적인 비전 속에서 이러한 규정은——엄밀한 의미에서——단 하나의 실체, 즉 '무한한 실체'로서 하느님밖에 있을 수 없다는 것을 함의한다. 그러나 데카르트는 보다 통속적인 의미에서 '실체들'에 대해 또한 이야기하는 것을 받아들였다. 그는 이때 이 실체들을 '유한'한 것으로 규정했으며, 당연히 하느님의 덕분에 존재하지만 다른 어떤 것의 협력 없이 존재하는 것으로 정의했다. 그는 이렇게 설명했다. 이러한 조건을 만족시키는 모든 것, 그리고 우리로 하여금 하나의 속성에 대해 진정한 관념을 갖도록 해주는 모든 것은 실체의 이름을 받을 만하다는 것이다. 나는 그의 유명한 밀랍 덩어리의 밀랍이 데카르트에게는 하나의 실체였다고 생각한다.

이와 같은 개요를 만들었기 때문에 내가 스피노자의 실존을 알게 되었을 때, 나 스스로가 문제를 대략은 명쾌히 해명하였다고 생각했다. 어떤 사람들은 스피노자를 실체에 대한 탁월한 사상가로 소개했다. 그러나 그의 위대한 책 《기하학적 방식으로 다룬 윤리학》은 아직 출간되지 않았다. 따라서 나는 그를 만나러 가야 했다. 당시 그가 살고 있었던 도시인 헤이그는 물론 바다에 가까이 인접해 있었다. 그러나 스피노자는 자신의 사상과 장인적인 일(그는 기회가 주어질 때면 안경 닦는 일을 했다)로 매우 바빴기 때문에 해안가로 나오는 일은 거의 없었다. 나는 그가 자신을 유숙시켜 주는 화가의 집에서 집안일하는 것을 발견했다. 그는 유한한 실체들에 대한 데카르트의 관념을 절대적으로 거부한다고 나에게 거침없이 말했다. 그리고 자신은 무한한 실체의 관념만을 인정하며, 이 무한한 실체는 유일한 것으로 그가 '대자연' 또는 '하느님'이라 일컫는다고 거침없이 말했다.

사람들이 생각할 수 있는 것처럼 나는 이와 같은 담론에 깜짝 놀랐다. 내가 들었던 바에 따르면, 스피노자는 합리주의적인 유형의 인간이었다. 그리고 실체에 대한 **데카르트**의 관념은 생각할 수 있는 모든 진지한 학문의 토대 자체를 분명히 구성했기 때문에, 나는 그가 모든 것을 혼란스럽게 만들고 말았다고 생각했다! 그럼에도 불구하고——아니 이러한 이유 때문에——그의 입장은 나의 호기심을 자극했다. 그래서 나는 가끔 그를 방문하곤 했는데, 바람이 세차게 부는 날이면 이 지방 화가들의 화풍에 나타나는 그림 같은 난파를 즐기면서, 그리고 그 포말 속에서 깊은 생각을 하면서 대양을 순항하곤 했다. 그리고 나서 깊이 생각했을 때 나는 더 많이 알고 싶다는 욕망을 간직한 총명한 조그만 여대생의 모습으로 그를 다시 만나러 가곤 했다.

유대인의 전통과 그리스의 전통은 매우 달랐고 대립되기까지 했다. 그리고 그와 나는 이 두 전통의 계승자였다. 그런 만큼 나는 이 대담들을 통해서 이 스승의 사상을 진정으로 이해했는지 확신할 수 없지만, 이 사상 가운데 개인적으로 기억한 것을 기록하려고 시도해 보겠다.

우선 궁극적 '실체'의 문제를 보자. 이 세계에 있는 만물은 매우 일반적으로 시간적이거나 비시간적인 하나 또는 여러 개의 기원이나 출발점이 있다. 기원으로서 이 사물들 자체에도 기원이 있으며, 이러한 현상은 계속된다. 그러나 우리는 무한한 역행을 인정할 수 없다. 따라서 '그 자체로서' 존재하는 하나 또는 여러 개의 실체들——물질·힘·장(場) 또는 알 수 없는 가장 '원초적인' 무엇과 같은 것——이 있다고 생각지 않을 수 없다. 이 실체(들)는 '그 자체로서' 존재하는 것이다. 다시 말해 그것 (들)은 보다 원초적인 또 다른 실체로부터 비롯되는 것이 아니다. 그것(들)은 속성도 결과물도 아닌 것이다. 비록 이 실체(들)의 성격에 대해 아무것도 모른다 할지라도(우리는 그런 실체들을 경험하고 있는지 아닌지를 알 수조차 없다), 우리는 그것들을 생각할 수 있다. (그리고 우리가 방금 본 바와 같이 그것들을 생각해야 한다.) 따라서 어떤 것도 우리가 그것들에 하나의 이름을 부여한다는 것에 대립하지 않는다. 우리는 스피노자가 실체(들)라 일컫는 것이 바로 그것(들)이라고 생각할 수 있다. 실제로 그는 자기 자신의 원인, 또는 **자기 원인**이라는 것이 실체라고 설정한다. 그리고 그는 이렇게 분명히 밝힌다. "자기 원인을 통해 내가 의미하려는 것은 자연의 존재가 비롯된다고 생각할 수 있는 유일한 바로 그것이다." 그런데 실체들(적어도)의 총체는 위에서 말한 정의에 따르면 존재하는 것으로밖에 생각될 수 없다. 왜냐하면 내가 이 모든 총체를 부인하면, 남는 것은 더 이상 아무것도 없기 때문이다.

　지금까지 결국 우리가 말한 것은 대수로운 것이 아니었다. 오히려 그보다 우리는 파르메니데스가 그랬던 것처럼 '존재' 개념의 근본적 성격을 강조했을 뿐이다. 이 성격은 존재 개념을 출발점 · 기술(記述) · 경험 등과 같은 개념들에 귀결시킬 수 없다는 것과 연결되어 있다. 상관적으로 말해서 앞서 말한 것은 에피쿠로스적인 유물론자들로부터 플라톤의 이데아설을 신봉하는 자들에 이르기까지 지금까지 살아온 대부분의 철학자들에 의해 인정될 수 있을 것이다. 나아가 스피노자가 기여한 것으로 그에게 고유한 것은, 본질적으로 궁극적 '실체'의 **무한한 성격과 유일성**이라는 이중의 주장이라고 생각한다. (따라서 이 실체는 마땅히 대문자로 시작되어야 한다.) 그는 우리의 대담 때 이 두 명제(무한한 성격과 유일성)를 나에게 **입증하기** 위해 엄청난 노력을 기울였다. 나는 이 노력의 주요 줄기를 《윤리학》이 출간되었을 때 이 책의 1부에서 다시 만났다. 유감스럽지만 나는 그것이 입증 자체의 어떤 공백에서 비롯된 것인지, 아니면 (가장 있음직한 일이지만) 내 정신의 폭이 부족한 데서 비롯된 것인지 알지 못한다. 그러나 문제의 입증이 나에게는 불가능한 것이었고, 지금도 이해가 불가능하다는 것을 고백하지 않을 수 없다. 따라서 나는 그것에 개의치 않을 것이다. 물론 이것이 내가 문제의 명제들을 잘못된 것으로 간주함을 의미하는 것은 아니다. 그것들은 참일 수도 있고, 참이 아닐 수도 있다. 앞으로 다가올 세기들은 아마 이와 관련하여 나를 깨우쳐 주리라. 내가 여기서 스피노자를 다루고 있는 이상, 나는 그 사이에 이 명제들을 작업중인 가설로 취급할 것이다.

스피노자의 저서에서 그것들은 대단한 규모의 전망으로 귀결되고 있다. 과연 이 명제들에 따르면 궁극적 실체는 통상적 물체들과도 동일할 수 없고, 이 물체들을 구성하는 물질과도 동일할 수 없으며, 요컨대 일상적인 경험의 범주에 속하는 어떤 것과도 동일할 수 없는 것이다. 이 일상적 경험에서 만물은 항상 유한하고 세분화되어 있는 것이다. 게다가 스피노자는 유대교의 고상한 전통에 철저히 물들어, 그처럼 분명히 부적절한 동일화를 명료하게 반박하려는 노력조차 하지 않았다. 전혀 반대로 그는 궁극적 실체를 하느님과 동일시했다. 아니면 보다 정확히 말해서 그는 '하느님'이란 말을 궁극적 실체의 이름 자체로 규정했다.

이러한 측면에 덧붙여야 할 것은, 그가 보기에 인간이 궁극적 실체에 대해 경험하는 모든 일은 그 자신도 이 실체의 몇몇 **속성들**을 통해서 경험한다는 것이다. 이 속성들은 원래 이 실체의 본질을 표현한다는 것이다. 이 실체는 무한한 속성들을 지니고 있으나(이것은 바로 그것이 지닌 무한한 성격의 정의 자체이다) 인간은 그들 가운데 두 가지, 즉 사유와 '넓이' 밖에 경험하지 못한다. 속성들 자체가 무한한 것이다. 또한 특이한 것들, 특별한 사상 또는 어떤 물체를 지칭하기 위해 스피노자는 **양태**라는 또 다른 말을 도입해야만 한다. 그리하여 궁극적 실체가 하느님이라 명명되는 바, 이 점은 그로 하여금 다음과 같이 쓰도록 만들고 있다. "특별한 사물들은 하느님의 속성들이 나타나는 정서적 움직임들에 불과하다. 달리 말하면 그것들은 하느님의 속성들이 한정되고, 일정한 방식으로 표현되는 양태들에 불과하다는 것이다."

스피노자의 하느님은 하나의 인격체도 아니고, 하나의 사물도 아니며, 사물들의 집적도 아니다. 하느님에게 있어서 자유와 필연성은 동일체에 불과하며, 하느님이 이것 아니면 다른 것을 결정한다고 상상하는 것은 그분을 깎아내리는 일이 될 것이다. 스피노자는 이렇게 썼다. "어느 누구도 하느님의 힘과 왕들의 인간적 힘을 혼동하지 않도록 주의하지 않는다면, 그는 내가 확립하려는 바를 정확히 이해할 수 없을 것이다." 사실상 우리는 하느님의 모습을 그려 볼 수 없을 것이다. 다만 우리는 그분을 생각할 수 있을 뿐이다. 그분은 움직임 속에 있지도, 정지 속에 있지도 않다. 그러나 그분은 넓이의 속성을 가지고 있다. 이 속성으로부터 움직임과 정지 같은 양태들이 나온다. 마찬가지로 그분은 오성도 의지도 없다. 그러나 그분은 사유의 속성을 가지고 있으며, 이 속성으로부터 양태들로서의 오성과 의지의 존재가 비롯된다. 그리하여 마지막 분석에서 하느님은 멀리 있으면서 동시에 매우 가까이 존재한다. 무한성을 통해서, 그리고 사물들이 궁극적 실체의 구성물들이 아니라 양태들이란 점으로 인해 하느님은 멀리 있는 것이다. 그가 가까이 있는 것은, 그가 세계와 분리되어 있지 않기 때문이다. 스피노자는 "그는 타동적인 자기 원인이 아니라 내재적인 자기 원인이다"라고 언젠가 한 번 나에게 말했다. 그러나 하느님은 '세계에 있는 존재' 안에서도 전혀 다함이 없다. 또한 스피노자를 '범신론'이라고 비난하는 것은 중대한 오류일 것이다. 이 사상가가 볼 때, 하느님은 물론 스콜라 철학자들의 '능산적(能産的) 대자연'〔실체로서 신이 자신의 본성에 따르는 행위자를 말한다〕과 동일시될 수 있다. 그러나 그는 그의 속성들 가운데 어떤 것들의 정서적 움직임들(양태들)의 총체인 '소산적(所産的) 자연'〔신의 속성 가운데 어느 하나의 필연성에서 비롯된다〕——즉 현상들——이 전혀 아니다.

게다가 스피노자의 궁극적 실체가 시간 속에 잠겨 있는 것은 더욱 아니다. '시간'이란 개념은 사물들·세계·인간들과 관계될 때만 적절한 것이다. 궁극적 실체는 영원의 개념으로만 사유될 수 있는 것이다. 다행히 인간은 그러한 사유를 할 수가 있다. 철학적 인식은 시간 속에 존재하는 사물들의 표상들을 초월할 수 있다. 뿐만 아니라 "사물들 속에서 일종의 영원을 간파하는 것은 이성의 특성에 속한다." 이러한 측면에서 나는 개인적으로 다음과 같은 하나의 결과를 본다. 즉 우리는 '인간 영혼'의 '불멸성'(이는 어떤 무한정한 지속의 관념과 관계될 수 있을 것이다)에 대해서는 말할 수 없을지 모르나, 분명히 인간 정신이 사물들을 영원의 형태로 지각한다는 점에서 볼 때 이 정신은 시간 밖에 있는 것이다. 다시 말해 그것은 영원한 것이다.

스피노자에게 세 유형의 인식이 있다. 첫번째 유형은 감각을 통한 인식이고, 두번째는 추론을 통한 인식이며, 마지막으로는 스피노자가 **지성**이라 일컫는 것을 통한 사물들의 본질에 대한 직접적 인식이다. 중요한 것은 초시간적 현실계와 관련된 즉각적인 직관이다.

물론 하느님을 사랑하는 것은 인간의 본성에 속한다. 그러나 그 역(逆)도 사실일까? 아니다. 우리가 '사랑'이란 말(스피노자가 받아들인)을 일상적인 의미에서, 즉 '외부적 원인의 관념에 연결된 기쁨의 감정'이란 의미에서 쓴다면 말이다. 왜냐하면 하느님

──궁극적 실체──에게 하나의 의지를 부여하는 것은 잘못된 인간 형태적인 투영이듯이, 그에게 감정들을 부여한다는 것 또한 인간 형태적인 투영이 될 것이기 때문이다. 그러나 세번째 유형의 인식에 스피노자는 (경험을 통해서) 원인으로서 하느님이라는 관념과 함께 하는 강렬한 정신의 만족을 연결시킨다. 이 만족은 방금 정의된 것과 같은 사랑과 아주 가깝다. 이러한 이유로 그는 이 만족을 '지적인 사랑'이라 일컫는다. 물론 이 사랑(영원한)은 인간 정신이 하느님을 향해 느끼는 사랑이다. 그러나 스피노자가 지적하는 바는 하느님이 영원의 형태로 고려되는 인간 정신의 본질에 의해 '설명'될 수 있다는 점에서 볼 때, 이 사랑은 하느님이 자기 자신을 사랑하는 사랑이라고 말해질 수 있다는 것이다. 이로부터 결국 하느님은 인간들을 사랑한다는 점이 도출된다. 왜냐하면 하느님의 인간들을 향한 사랑과, 인간 정신의 하느님을 향한 지적 사랑은 결국 단 하나의 동일한 것에 지나지 않기 때문이다.

나의 머리처럼 과학적으로 해보겠다는 생각이 들어찬 조그만 머릿속에서는 이러한 논증이 성공하기 어렵다. 그러나 전체적으로 나는 스피노자의 철학에 강한 인상을 받았다는 점을 고백한다. 나는 '삶의 의미'라는 표현에서 '의미'라는 말이 무엇을 의미하는지 잘 모른다──나는 이 점을 통탄해 마지않는다! 아니 그보다 나는 그것에서 많은 가능한 의미들을 보지만, 이것들 모두가 상대적이거나 순환적인 유치한 것이다. 궁극 존재에 대한, 그리고 인간 정신과 궁극 존재(이 둘은 유사하다) 사이의 관계(가깝거나 먼 관계)에 대한 비전과 관련된 의미들을 제외하고는 말이다. 이 비전은 스피노자가 정신과 궁극적 실체 사이에 제시한 비전이다. 내가 이러한 이야기를 쓰고 있는 시대에, 그러한 비전은——사실이지만——인간들이 축적하고 구조화시키고 있는 지식들의 자연적인 연장(延長)처럼은 거의 보이지 않는다. 그러나 누가 아는가? 언젠가는 바퀴가 돌아가리라는 것을.

뉴 턴

케임브리지에 도달하는 것은 단순하다. 다리까지 캠 강을 거슬러 올라가면 된다. 이것이 바로 내가 시도한 것이다. 그리하여 나는 마침내 가발을 쓴 한 신사가 단호한 모습으로 성큼성큼 걸어가는 매우 잘 가꾸어진 잔디밭 위에 나타났다. 당시 대부분의 영국 대학들의 규칙에 따르면, 단지 정교수들에게만 캠퍼스의 1백 년 된 잔디를 밟는 것이 허용되어 있었다. 따라서 아주 운 좋게도 이 신사가 뉴턴일 가능성이 있었다. 나는 조심스럽게 나의 꼬리를 사라지게 한 후에야 그에게 접근했다. 왜냐하면 몽테뉴와는 반대로 그가 세이렌과의 만남을 무의미하고 재미있는 우발적인 부수 사건쯤으로 간주할 수도 있기 때문이었다. 그는 자신의 신분을 확인해 주었고, 내 생각이지만 보기에 내가 상냥하다고 생각했는지 **스타우트**[독한 흑맥주] 한 잔을 권했다.

아이작 경에게 질문을 하러 간다는 발상은 그렇게 독창적인 것은 아니었다. 나는 모든 것을 고려해 신문기자로서, 당시의 말로 표현하면 '가즈티에'로서 행동했다. 왜냐하면 만유 인력의 발견은 뉴턴을 유명하게 만들었기 때문이다. 그래서 나는 신문기자들이 모두 그들 내부에서 다소간 관심을 품고 있는 두 개의 핵심적 생각을 무심코 사용했다. 하나는 모든 것이 매우 초보적인 방식으로 말해질 수 있다는 것이고, 다른 하나는 어떤 것을 발견한 사람과의 대담이 여러분으로 하여금 이 발견의 본질을 아주 자연스럽게 포착하게 해준다는 것이다. 그런데 유감스럽게도 이것들은 틀린 생각이다. 내가 이 점을 확실히 인식한 것은 뉴턴에게 그의 유명한——너무도 유명한!——사과에 대해 질문을 시도할 때였다. 그는 나에게 매우 친절하게 답변했다. 그는 울스토르프의 과수원, 9월의 더운 여름날 그늘 아래에서 쉬었던 사과나무, 그리고 내가 지금은 잊어버린 많은 다른 자세한 것들에 대해 묘사해 주었다. 나는 적어도 처음엔 매혹되었다. 그러나 결국 나의 정보에 어떤 결함이 있었던 것처럼 생각되었다. 이러한 인상을 그에게 말해 주었을 때, 그는 나에게 이상한 대답을 했다. 그는 이렇게 말했다. "나는 더 이상 당신에게 설명할 수 없소. 아니 그보다는 지적으로 정직하게 말해서 나는 설명할 수가 없소. 물론 나는 떨어지는 사과를 바라보면서 사과를 점점 더 빨리 가지 않을 수 없게 만든 힘에 대한 착상을 하게 되었고, 이 힘을 달이 직선으로 운행하지 못하게 막는 무엇, 다시 말해 달이 우리를 떠나지 못하게 막는 무엇에 접근시켰다고 말할 수도 있소. 그러나 분명 그런 이야기는 이러한 질적인 접근이 내 이론의 본질을 모두

소멸시킨다는 발상을 당신에게서 싹트게 할 것입니다. 그 어떤 것도 이보다 더 이상 부정확하지 않을 것입니다. 문제의 이론이 이러한 측면에 국한된다면, 그것은 매일 아침 우리의 머릿속에 떠올랐지만 외관상의 타당성이 이슬과 더불어 사라져 버리는 그런 막연한 것들 가운데 하나에 불과할 것입니다. 내 이론의 확고함은 전적으로 양적인 것에 의거하고 있습니다. 그러나 여기서 이 부분은 진정으로 대단한 작업이었습니다. 날 믿어 주시오. 게다가 그것은 여전히 대단한 작업입니다! 착상들과 정밀성이 내밀하게 뒤섞여 있지만, 매단계에서 길을 잃을 위험성이 존재하고 있습니다. 그렇기 때문에 당신이 알다시피 물리학과 천문학은 외부로부터——유감스럽게도——거의 이해될 수 없습니다."

내가 이런 이야기에 모욕을 느꼈을까? 아니다. 아니 거의 느끼지 못했다. 왜냐하면 나는 결국 그것이 정확할 것이라고 짐작했기 때문이다. 그 이후 나는 이 문제를 체계적인 방식으로 연구했고, 실제 뉴턴은 진실만을 말했다는 것을 확인했다. 과연 대단한 작업이었다! 우선 그는 공식들에 힘을 도입하여야 했다. 데카르트는 이 점에 대해 생각지 못했었다. 갈릴레오는 예전에 그런 일을 했었지만 제대로 하지 못했다. 그에게 중력은 물체들 자체에 내재하는 일종의 속성에 불과했으며, 이 속성은 그것들을 지구의 중심 방향으로 움직이게 부추기는 것이었다. 이러한 이유로 달의 운동이 조수에 영향을 미칠 수 있다는 생각은——그가 《대화록》에서 쓰고 있다——그에게 불가사의한 특질에 의존하는 그런 유형의 예로 비쳐졌다. 그는 선배들이 이러한 의존을 했다고 비난하였던 것이다. 뉴턴은 이와 같은 충격적인 편견을 극복하여야 했다. 그는 가속도와 힘 사이의 비례 관계를 확립하고, 그렇게 해서 운동 역학을 창립함으로써 역학을 비상하게 확장시켰다. 우리는 그가 역학을 창조했다고까지 말할 수 있다. 그러나 이러한 '뉴턴의 역학'은 아직 하나의 도구에 불과했다. 이 도구를 이용하여야 했다. 다시 말해 사과의 운동과 달의 운동을 양적으로 설명하는 힘의 법칙을 발견하여야 했다. 이것은 기본적인 기지 사항들과 관련된 일부 부정확한 것들이 여전히 복잡하게 만들었던 과업이었다. 다음으로 법칙이 태양 주위의 행성들에도 적용된다는 것을 확인하여야 했다. 다시 말해 이 법칙에 따라서 행성들이 케플러가 발견한 타원들을 그리고 있는지 보여 주어야 했다……. 이러한 목적에서 실질적으로 미적분을 창안하여야 했다! 뉴턴은 이 모든 것을 해냈다. 내가 빛의 스펙트럼 구성을 그가 발견했다는 것에 대해 이야기하고, 그가 이 발견 덕분에 무지개 이론(이 이론은 데카르트로부터 나온 것이다)에 기여할 수 있었던 완벽한 개선에 대해 이야기하는 것은 다만 참고로 하는 것이다.

만유 인력의 이와 같은 발견 속에서 나는 내가 기대했던 것들 가운데 일부가 성취되는 것을 보았다. 결국 나의 정신 속에서 사상의 역사는――적어도 일부 기간 동안――두 시기로 나누어졌다. 뉴턴 '이전'과 '이후'로 말이다. '이전에는' 사람들이 알지 못하고 있었다. 대우주는 미지의 상태에 있었고, 그것은 이해할 수가 없었다. 물론 사람들은 우주를 알려고 시도했었다. 그러나 인간들이 이 우주에 대해 구축한 모든 기술(記述)은 결국 순전한 사변에 불과했다. 몽테뉴가 이 사변을 공상적이고 근거 없다고 판단한 것은 정말 옳았다. '이후에는' 사람들이 알게 되었다. '이후에는' 인간이 실제적으로 파스칼이 갈대라고 막 정의한 참이었던 그 존재가 되었다. 그러나 이 갈대는 대우주를 '이해하는' 갈대이다. 물리학과 천문학에 있어서 후대의 발전이 나로 하여금 그러한 판단에 뉘앙스를 띠게 하도록 유도했다 할지라도, 내가 말하지 않을 수 없는 것은 그것들이 이 판단을 나의 사유로부터 완전히 없애지는 못했다는 점이다. 나의 견해를 말하자면, 뉴턴의 업적은 지식의 발전에 있어서 여전히 결정적 전환점이라는 그런 의미가 있다는 것이다.

나는 뉴턴을 여러 번 더 방문했다. 하지만 기이하게도 그가 흥미를 가졌던 점성학에 대해서는 질문하는 것을 피했다. 그러나 나는 다른 다양한 문제들에 대해 질문을 했다. 방금 지적한 바와 같이, 나는 모든 사람들처럼 그의 현란한 우주론에 강한 인상을 받았다. 반면에 공간의 개념과 관련하여서는 나를 매우 놀라게 했다. 내가 기억하는 바로 갈릴레오는 나에게 이렇게 설명했다. 관성의 원리에 비추어 볼 때, 하나의 물체가 '절대 속에서' 운동 중에 있는지 정지중에 있는지를 아는 것은 불가능하며, 따라서 절대적 정지(또는 운동)의 관념은 형이상학적일 수밖에 없다는 것이다. 그런데 뉴턴 역학의 법칙들은 이 점에서 갈릴레오가 진술한 것과 동일한 결론에 이르고 있었다. 그럼에도 불구하고 뉴턴이 절대적 정지(또는 운동)의 관념을 함축하는, 절대적 공간의 개념을 자기 것으로 삼는 듯한 모습을 확인하고 나는 놀랐다. 공간의 성격에 관한 문제는 아마 뉴턴과 라이프니츠를 매우 오랫동안 대립시킨 것들 가운데 주요한 문제일 것이다. (적어도 우리가 미적분과 관련해 그들이 벌인 선점의 갈등을 제외한다면 말이다.) 라이프니츠——그는 약간은 갈릴레오의 노선을 따랐지만 그의 사상은 급진화하였다——는 공간이 사물들 사이의 관계에 불과하다고 생각했다. 나는 이 놀라운 인물을 방문하고 싶었다. 그는 초일류 철학자이자 천재적인 수학자였고, 매우 명철한 물리학자였다. 사람들은 그를 일반적으로 최후의 보편적인 대사상가로 간주한다. 그러나 그가 평상시에 거주하는 하노버라는 도시는 바다로부터 상당히 멀리 떨어져 있고, 나에게 용기도 부족했다——이것은 이번만의 일이다!

로크, 일차적 특질과 이차적 특질

내가 뉴턴에게 질문하면서 재빨리 알아차린 것은 어쨌든 그의 만족이 경감되었다는 것이다. 비록 그 자신이 거리를 지닌 힘의 관념을 전개시켰다 할지라도(내가 말한 성공을 거두며), 이 개념은 그를 당혹스럽게 했다. 아마 그는 이에 관한 갈릴레오의 반박 논리를 상기시켰을 것이다. 어쨌든 그가 이 힘의 원인을 발견하고 싶었던 것은 사실이다. 중간적 실체들 사이에 어떤 접촉 작용이나 알 수 없는 다른 무엇 같은 것을 말이다. 또한 추측이란 수긍될 수 있어야만 했다. 사실 그는 그와 같은 것은 아무것도 발견하지 못했고, 위험한 사색에 모험을 하기보다는 잠자코 있는 쪽을 선택했다. 내가 생각하기에 그는 바로 이런 문제를 생각하면서 다음과 같은 매우 유명한 문장을 쓴 것이다. "나는 가설을 만들지 않는다." 이미 갈릴레오가 늙은 아리스토텔레스에 대해 선점한 유리한 입장은 물리학자들로 하여금 **원인**의 개념보다 **법칙**의 개념을 선호하게 밀어붙인 것이다. 거리가 멀리 떨어진 가운데 일어나는 상호 작용의 수긍할 만한 원인을 찾는 데 뉴턴(그리고 그의 후계자들)이 성공하지 못한 것은 이러한 경향을 강화시켰을 뿐이다.

나로 말하자면, 여기서 깨닫는 것은 앞서 데카르트와 관련하여 정의한 '근접한 실재론'을 극복해야 할 필요성을 보여 주는 중대한 첫 징후이다. 로크의 한 저서를 우연히 발견한 어느 날, 나는 이 '넘어야 할 단계'를 의식했다. 이 책의 한 대목이 드러내는 지적 솔직함이 나에게 강한 충격을 준 것이다. 원문을 보면 로크는 이렇게 썼다. "이해력과 관련하여 나는 물체들이 '충격' (접촉의 힘)에 의해 작용하는 것이지 다르게 작용하는 것이 아니라고 말했음을 고백한다. 그만큼 그것은 내가 그것을 썼을 때 나의 느낌이었다. 그리고 현재도 나는 이와 관련하여 다른 작용 방식을 생각할 수 없을 것이다. 그러나 그후 내가 현명한 뉴턴 선생의 비길 데 없는 저서를 통해 확신한 것은, 우리의 한정된 견해들을 통해 하느님의 힘을 제한하려는 너무나 많은 추정들이 있다는 점이다……."

나는 라이프니츠가 뉴턴에 대해 느낀 반감을 알고 있었으므로, 라이프니츠가 이러한 동조에 대해 쓴 신랄한 비판을 읽고도 놀라지 않았다. 라이프니츠는 근본적으로 경험주의적인 로크의 입장(정신은 처음에 백지 상태이다……)을 암시적으로 상기시키면서 다음과 같이 외쳤다. "우리의 저자는 (…) 전혀 **감각적**이 아닌 것을 단지 인정하기만 하면 되는데도 괜히 **영혼**의 작용에 대해 까다롭게 굴고 있다. 그리고 그는 **육체**에 **예지적**(叡智的)일 수조차도 없는 것을 부여하고 있는 것이다." 사실 이러한 논쟁은 나의 내부에서 다양한 유형의 문제들을 제기했다. 예를 들면 "어떤 것이 **예지적**인가?" 그리고 보다 일반적으로 "감각적인 것과 예지적인 것 사이의 관계는 어떤 것인가?" 내가 이미 말했던 바와 같이 하노버에 있는 라이프니츠에게 간다는 것은 번거롭다고 생각했으므로, 나는 로크로 방향을 돌려 적어도 그의 관점을 청취하기로 결정했다. 로크 쪽은 보다 어려움이 적었다. 어려움이라면 단지 그가 당시에 예전의 베이컨처럼 중요한 공적 직무들을 수행하고 있어 접근하기가 그다지 쉽지 않았다는 것뿐이었다. 그러나 그의 경우도 기습 효과의 도움을 받아 강을 통해 접근함으로써, 나는 이런 직무들을 비켜 갈 수가 있었다. 우리의 대담은 매우 신속하게 철학적·역사적 양상을 띠었다. 나는 그에게 피타고라스·플라톤·프로타고라스에 대해 이야기했다. 나는 그의 경험주의적인 확신이 프로타고라스처럼 그로 하여금 인간이 만물의 유일한 척도라고 생각토록 하고 있는지, 그리고 그렇기 때문에 실제적인 것은 감각적 느낌밖에 없다고 추론하고 있는지 물었다.

그는 이렇게 대답했다. "전혀 그렇지 않아요. 나의 사상은 보다 합리적입니다. 다시 말해 보다 뉘앙스를 띠고 있습니다. 자, 보시오. 당신이 나에게 고대 그리스인들에 대해서 말하고 있으므로, 나는 당신에게 이와 관련하여 아리스토텔레스의 사상이 어떤 것이었는지부터 상기시키도록 하겠습니다. 그의 견해에 따르면(중세의 그의 계승자들도 그렇듯이), 인간 정신 안에 있는 표상들과 표상된 사물들 사이의 일치는 어떤 유사성으로 이루어집니다. 인간 존재는 머릿속에 외부 사물에 대한 **정신적 이미지**를 가지고 있고, 아리스토텔레스가 '환상'이라 일컬은 이 이미지는 사물과 동일한 '형태'(아리스토텔레스적인 의미로)를 지니고 있습니다. 따라서 인간 정신은 관찰 덕분에 사물을 있는 그대로 진정으로 알게 되는 것입니다. 나는 출발점에 관해서는 **대략적으로** 동의합니다. 당신은 나의 글들에서 우리가 그 무언가를 약간이라도 알 수 있는 외부적 현실에 대한 관념을 부인하는 것을 찾아내지 못할 것입니다. 다만 나에게 아주 명백하게 보이는 점은, 예를 들어 맛과 색깔의 경우 **정신적 이미지**가 문자 그대로 사물의 '복사'라고 상정하는 것은 경솔하리라는 것입니다. 또한 나는 일차적 특질들과 이차적 특질들을 구분해 냈습니다. 사실 나는 일차적 특질들(연장·형태·정지·운동·단일성 그리고 다양성)이 물체들의 내재적 특성들이라는 점을 부인하지 않습니다. 이 특성들은 인간의 지각 작용과는 독립적이고, 본질적으로 관찰(추리가 이 관찰을 뒷받침해 주든 아니든)을 통해서 진짜 있는 그대로 우리에게 드러납니다. (태양은 둥글지요. 그리하여 내가 안개를 통해서 바라볼 때도 실제로 그것은 나의 눈과 정신에 둥그런 이미지를 형성합니다.) 그러나 나의 견해를 말하자면, 이차적 특질들(맛·냄새·색깔 등)의 경우는 사정이 전혀 다르다는 것입니다. 내 생각에 이 이차적 특질에 부응하는 정신적 이미지들은 사물의 매우 복잡한 구조적 윤곽을 통해서 우리 내부에서 나타난다는 것이고, 하나의 사물이 이를테면 붉다고 단언하는 것은, 이 사물이 우리 내부에서 붉은색의 느낌을 나타나게 하는 구조적 윤곽을 지니고 있음을 의미할 뿐이라는 겁니다. 그리고 주목하는 것은 이와 같은 정의에 따라서 내가 붉은 사물을 응시할 때, 나의 눈에도 정신에도 '붉다'라고 말해질 수 있는 것은 분명 아무것도 없다는 사실입니다."

나는 이 이야기를 듣고 편안함으로 들떴다. 나는 그에게 이렇게 말했다. "당신 덕분에 나의 사상은 나를 혼란스럽게 만들었던 하나의 수수께끼와 관련하여 보다 분명하게 되고 있습니다!" 그리하여 나는 로크에게 나와 데모크리토스와의 만남을 이야기해 주었다. 그리고 데모크리토스가 상상한 이성과 감각 사이의 빛나는 대화를 그에게 말해 주었다. (이는 믿을 수 없겠지만, 그의 이론을 비판하기 위한 것이었다!) 나는 대화 상대자에게 이 우화 같은 대화가 나를 혼란스럽게 하였다고 고백했다. 내가 생각하기에 감각이 이성을 꾸짖는 것은 상당히 타당한 일 같았다. 왜냐하면 분명 이성은 결국 모든 감각적 증언을 환상이라고 판단하게 되는 하나의 이론——원자론——을 개발하기 위해 사용하는 개념들——사물·공간 같은 개념들——을 이 감각의 증언에서 파렴치하게 빌려 오기 때문이다. 나는 이렇게 계속했다. "그러나 나는 당시에 감각의 다양한 기여물들을 구분함으로써 우리가 궁지로부터 벗어날 수 있다고 생각했습니다. 그런데 당신의 견해는 바로 이것을 우리한테 주고 있습니다. 학문적 공헌에 공헌이 쌓이고 있습니다. 원자론을 확립하기 위해 이성은——데모크리토스 자신이 이 경우였습니다만——감각이 이성에 암시한 개념들 전체에서 **일부**만을 필요로 했습니다. 일차적 특질들에 해당하는 위치·속도·형태 등과 같은 개념들이죠. 그런데 일단 이론이 형성되고 나자, 그것은 그러한 개념들의 적합성을 전적으로 부인하고 있는 것이죠. 그것이 환상으로 간주하는(또는 보다 명확히 말해서 인간적으로 구축된) 개념들은 다만 이차적 특질들에 해당하는 개념들——맛·색깔 등과 같은 것들——입니다. 그런데 이성은 이론을 구축하기 위해 이것들을 어디에도 전혀 사용하지 않았습니다. 따라서 이 이론은 '논리정연하다'는 것이죠." 나는 로크가 대답한 것을 정확히 기억하지 못하지만, 우리가 매우 우호적인 관계 속에서 헤어졌다는 것을 알고 있다.

버클리로부터 칸트로

나에게 18세기는 볼테르도 달랑베르도 디드로도 아니다. 그것은 버클리·흄·칸트, 세 명으로 이루어진다. 바로 이 세 명에게 세계에 대한 성찰의 모습을 영원히(아니면 적어도 매우 오랫동안)

바꾸게 할 수 있는 청천벽력 같은 돌발 사건의 책임이 있다——
이에 대한 이유는 조금 후에 설명될 것이다.

　이 돌발 사건은 철학의 중심에 관념론에 대한 다양한 해석이
나타났다는 것이다. 물론 나는 버클리가 최초의 관념론자가 아
니었다는 것을 알고 있다. 프로타고라스까지 거슬러 올라갈 필
요도 없이, 내가 말한 바와 같이 데카르트는 **코기토**와 자신의 형
이상학적 추론의 귀결 사이에서 사물의 실제적 존재에 대해 **회
의를 했다.** 데카르트 사상의 시기를 참조하기 위해 나는 앞서 많
은 사람들처럼 **일시적인 관념론**에 대해 이야기했다. 나는 이 일
시적인 관념론이라는 표현을 부인하지 않는다. 실제 데카르트가
말한 바에 따르면, 그는 자신이 회의한 것을 방법적 염려 때문에
단순히 존재하지 않는 바로 간주하기로 결정했다는 것이다. 그
러나 여전한 점은 하나의 명제를 방법적 결정에 의해 허위로 간
주하는 것과, 단도직입적으로 그것을 있는 그대로 인정하는 것
사이에는 차이가 있다는 것이다. 버클리는 극단적인 입장을 취
했다. 그의 관념론은 일시적인 것이 아니었을 뿐 아니라 급진적
이었다. 그것은 순간적인 모든 것을 단순히 괄호 안에 집어넣어
배제하는 것이 아니라, 주체와 지각 밖에 존재하는 사물들의 실
제적 존재를 전적으로 **부인**하는 것이었다. "존재한다는 것은 지
각하거나 지각되는 것이다." 버클리 자신이 자신의 학위 논문에
비물질론이라는 이름을 부여했다.

　사람들이 버클리의 비물질론에 대해 이야기하는 것을 들었을
때, 나는 그것에 대해 동시대의 모든 사람들처럼 평가했다. 나는

이 관념을 분명한 궤변론들에다 포함시켰다. 물론 나는 플라톤·파르메니데스·데모크리토스까지 회상했다. 나는 감각의 환상과 관련하여 그들이 재삼 강조한 경계를 머릿속에 떠올렸다. 그러나 내가 또한 회상한 것은 갈릴레오와 뉴턴이었고, 세계에 대한 이들의 발견이 나에게 준——확신이라고는 말할 수 없더라도——엄청나게 견고하고 강한 충격이었다. 우리는 합리주의 시대에 살고 있었다. 사람들이 말하듯이 '감각의 환상'은 주변적인 관심처럼 보였다. 보기에는 부러진 것 같은 반쯤 잠긴 막대기에 대해 라 퐁텐은 이렇게 말했다. "나의 이성은 그것을 바로잡는다." 내가 보기에 이 말은 본 주제를 철저히 규명해 주었다. (그것도 매우 명철하게.) 그런데 이 위엄 있는 주교(버클리)가 막대기 자체는 존재하지 않는다고 상정함으로써, 자신의 정신주의적 열정을 너무 멀리까지 밀고 나가고 있다고 생각되었다!

나의 신중함은 내가 그를 만나러 가는 것을 주저할 정도였다. 그러나 아일랜드는 세이렌들이 특히 좋아하는 나라였다. 자택으로 버클리에게 질문하러 간다는 것은 안개·절벽·큰 파도·암류(暗流) 등과 다시 관계를 맺는 것이었다. 이런 생각이 나로 하여금 결심을 굳히게 만들었다. 나는 이동을 유감스럽게 생각할 필요가 없었다. 왜냐하면 버클리는 세련된 도시 문명의 여러 나라들을 여행했고, 많은 일류 사상가들을 만났던 위인으로서 특출나게 힘찬 정신의 소유자였으며, 그의 이야기는 많이 주목받을 만했기 때문이다.

내가 여기서 할 수 있는 것은, 그대로 일반적인 것부터 시작해

──왜냐하면 그렇게 해야 하기 때문이다!──우리가 나눈 대담의 실체를 간단히 요약하는 것이다. "외부 세계와 관련된 하나의 진술이 지닌 진리는 무엇인가?"라는 질문에 가장 자연스러운 대답은, 물론 "그와 같은 진술은 그것이 실제와 일치할 때 진실이다"일 것이다. 달리 말하면, 이 진술이 말로 표현하는 정신적 이미지가 현실에 충실히 부합할 때 진실이라는 것이다. 로크가 나의 기억 속에 심어 주었던 아리스토텔레스의 진리-유사 이론은 이와 같은 대답을 분명히 해줄 뿐이다.

버클리가 나에게 설명한 바와 같이, 그의 비물질론은 이 철학자가(그리고 그보다 앞서 데카르트가) 문제의 이론에 대해 가한 비판의 연장선상에 위치한다. 아주 단순히(그러나 분명히 문제점은 본질적이다) 그는 이 이론을 급진화시키고 있다. 그가 자신의 관점을 설명하기 위해 나에게 주목시킨 것은, 로크의 견해에 따라 이차적 특질과 관련하여 진실인 것이 또한 일차적 특질과 관련해서도 진실이 아닐 이유가 없다는 점이다. 극도의 대칭 상태에 있는 경우들──이 경우들은 너무 특수해 의미가 없다──을 제외하면, 한 사물의 형태·위치·운동은 다양한 관찰자들에 의해 매우 다르게 지각되고, 동일한 관찰자에 의해서도 여러 경우에 따라서 매우 다르게 지각된다. 따라서 이러한 정신적 이미지들 역시 그것들을 지각하는 주체와 관련된 조건들에 종속되어 있는 것이다. 그것들을 사물들 자체와 비교한다는 것은 불가능하다. 그러므로 하나의 물리적 형태와 내가 이 형태에 대해 지니는 정신적 이미지는, 물리적인 붉은빛과 내가 이 붉은빛에 대해 지닌 정신적 이미지가 다르듯이 다를 수 있다. 요컨대 결국은 일차적 특질이 되었든 이차적 특질이 되었든, 우리가 지닌 정신적 이미지가 물리적인 어떤 대상과 같다고 판단할 수 있는 직접적 이유는 없는 것이다. 그러한 판단 뒤에는 언제나 정신에 의한 재구축이 자리하고 있다. 이 재구축은 우리가 **임의적이라고** 판단할 수 있는 가장 가설적인 구축 가운데 하나인 것이다. 그리하여 결국 하나의 정신적 이미지는 다만 다른 하나의 정신적 이미지와 같다고 판단될 수 있다. 따라서 단지 사물——외관들(외관으로서의 사물들)만이 사유되고 분석될 수 있다. 그런데 우리가 어떤 것을 사유할 수 없다면, 이것이 존재한다고 상상하는 감각도 거의 없는 것이다. 버클리는 이 모든 것을 나에게 설명한 후 이렇게 말했다. "따라서 외부 세계가 모든 사유와 독립적으로 존재한다고 주장하는 것은 터무니없는 생각입니다." 이것이 바로 증명되어야 했던 것이다. 결국 우리가 생각할 수 있는 것은 버클리가 데카르트를 일반화된 회의로 이끌었던 일부 논거들을 재발견했다는 것이다. 그러나 그는 이 논거들에 이어 내재적인 일차적 특질들을 재구축하는 데카르트적인 형이상학적 대추리(적어도 데카르트가 말하는 바에 의하면 그렇다!)를 내놓지 않았다.

나는 마치 어제의 일인 것처럼 버클리의 '발견'(이 말은 다소 지나치다 할 수 있다)이 당시 사람들의 정신 속에, 그리고…… 나의 정신 속에 야기시킨 엄청난 혼란을 회상한다! 고백하지만 나는 심각한 혼란에 빠졌었다. 데모크리토스와 나눈 부정주의적인 짧은 대화는 타당성을 되찾는 듯싶었다. 내가 무슨 말을 하고 있지? 이 대화는 '부정'을 초월한 것처럼 보이기조차 했다! 그리하여 이러한 측면은 나를 매우 혼란스럽게 만들었다. 그러나 나의 마음을 다시 가라앉혀 준 것은 나 혼자만이 그렇게 당황했던 것이 아니라는 사실을 확인한 일이었다. 디드로는 비물질론을 당치 않은 것이라고 평가했다……. 그러나 그는 비물질론에 대립시킬 만한 가치 있는 반박 논리를 찾아내지 못했다고 인정하지 않을 수 없었다. 칸트가 볼 때, 어떤 사람이 사물의 실제적 존재에 대해 회의하는 것이 좋다고 판단한다면, 그가 합리적인 논거를 통해서 자신의 오류를 입증하는 것이 불가능하다는 점은 전적으로 언어도단인 것이다. 우리가 알다시피, 이와 같은 상황을 ——적어도 얼마 동안—— 구제한 것은 결국 이 철학자였다. 그러나——저런!——그 얼마나 많은 대가를 지불했는가! 그가 한 일은 그야말로 현실의 개념 자체를 다시 정의하는 일이었다. 이 정의는 인간의 지식과 관련하여 실재의 개념을 부차적인 것으로 만드는 것이다. (유감스럽게도 이 지식은 세이렌들과 물고기들, 그리고 다른 동물조차도 가질 수 있는 지식으로서 만사에서 전혀 문제되지 않은 것이다…….)

근본적인 문제에 대해서는 나의 판단을 유보하겠다. 그러나 이 '비판철학'에 관해 말하자면, 사람들이 말하듯이 그것을 부정하는 일은 불가능하다. 그것이 난공불락이기 때문이 아니다. 그것의 추리는 국부적인 것에 불과하다. 이 추리는 추리의 결론을 경우에 따라서 변질시킬 수 있는 일부 기지(旣知) 사항들—— 우발적인 것과 관련하여 주체간의 합의, 이론들이 경험에 의해 자주 반박되는 것…… 등과 같은 사항들——을 거의 고려하지 않고 있다. 그러나 칸트의 연구를 지지하는 철학자들이 힘 있게 강조하고 있는 것처럼, 그의 결점이——만약 결점이 있다면——결코 투명하게 분명한 것은 아니다. 그런 만큼 나는 19세기가 시작되는 마당에 세계에 대한 성찰에 있어서 대규모의 변화를 내다보고 있는 것이다. 내가 많이 염려하는 것은, 이 성찰이 철학자들과 과학자들의 단절로 귀결되는 점이다. 과연 철학자들은 버클리나 칸트의 논지들이 지닌 힘에 매우 민감한 반응을 나타낼 수 있는 기회들을 가지게 된다. 반면에 사물과 대응하는 개념적 단순화에 민감한 과학자들은, 과학을 그 자체로서 존재하는 실재에 대한 기술(記述)로 여전히 간주할 수 있다는 **가능성**(비록 이 가능성이 별로 수긍할 만한 것으로 판단되지 않더라도)에 힘입어, 이러한 논지들에 부차적인 관심만을 기울이고 객관주의적 실재론 내에 머무르게 되는 경향을 나타낼 수 있는 것이다. 그들은 아마 이렇게 말할 것이다. 즉 무궁무진한 전진적 요소들을 가지고 있는 원천인 양적 세계를 **불러들이는** 가설처럼, 과거에 그토록 풍요롭고 생산적이었던 하나의 공들인 가설이 매우 일반적인 질적 관념들의 단순한 시각으로 격하될 수는 없을 것이라고 말이다.

　물론 칸트 자신에 대해서도 할 말이 많이 있을 것이다. 그는 발트 해 연안의 조그만 도시인 쾨니히스베르크에서 살았고, 교육에 종사했다. 나는 당연히 그를 만나러 갔다. 그는 그곳에서 비록 외관상이지만 단조로운, 더할나위없이 규칙적인 삶을 영위했다. 그러나 그에게 이 삶은 그의 사상 전개와 집필을 통해서 매혹적으로 되었다. 그가 나에게 설명한 바에 따르면, 그는 젊은 시절에 **원인**의 개념을 전적으로 순진한 발상이라 생각했다. 모두가 그렇듯이 그는 사건들 사이에서 어떤 규칙적인 연속성들을 확인했고, 이것들을 관찰자와는 완전히 독립적인 인과 관계들로 해석했다. 그의 생각에 따르면, 관찰자는 귀납적 방법을 통해 어떤 '결과'를 예상하기 위해 이러한 규칙성들을 이용할 뿐이고, 사실 이 관찰자는 어떤 '원인'을 관찰하고 있다는 것이다. 그러나 흄의 저서를 읽음으로써 그는——이것은 절대적으로 본질적인 점이다!——인간들이 귀납법의 유효성에 대해 지닌 '신념,' 다시 말해 동일한 원인은 앞으로도 계속 동일한 결과를 낳을 것이라는 확신에 대한 신념을 정당화시켜 주는 비순환적인 논지가 존재하지 않는 것을 알게 되었다. 그런데 (외관상에도 불구하고) 경험도 이성도 지지해 주지 못하는 주장을 계속 믿는다는 것이 당치 않은 일이 아닌가? 그럼에도 불구하고 우리는 이 주장에 집착한다. 뿐만 아니라 우리는 이 주장에 매우 강하게 집착하기 때문에, 칸트의 말을 빌리자면 그것 없이는 지낼 수가 없을 정도인 것이다. 이 모든 것이 칸트로 하여금 판단하게 한 것은, 인과 관계가 사물들 자체에 있는 것이 아니라 바로 인간 정신 안에 있다는 것이다. 달리 말하면, 바로 이 정신 자체가 인과 관계라는 범주로 지각하는 많은 규칙적 사건들을 자신의 내적 구조를 통해 필연적으로 정돈하게 된다는 것이다. 따라서 칸트에 따르면, 인과성은 인간 오성의 **선험적인** 형태이다. 나아가 객관성이라는 것은 물 자체로서 사물들이 지닌 관계를 정확히 기술하는 것이 아니라, 이 사물들이 지각되어 분석된 바대로의 현상들을 상호 연결시키는 관계를 정확히 기술하는 것이다. 내가 덧붙이고자 하는 바는, 칸트가 동일한 사유의 맥락 속에서 공간과 시간을 인간 감성의 **선험적** 형태들로 생각했다는 것이다. 물론 이 모든 것은 내가 실재의 개념에 대한 칸트의 재정의에 대해 앞에서 지적했던 것을——인과성·공간 그리고 시간에——적용하고 있는 것처럼 보인다.

말할 필요도 없지만, 칸트 철학의 세세한 부분들이 미래 세대들에게 정확한 것으로 간주될 거라는 점은 전혀 보장되어 있지 않다. 그러나 전체적으로 볼 때, 칸트의 분석은 객관적 지식과 형이상학적 사변 사이에 일종의 한계선을 긋는 것으로 귀결되고 있다. 그리하여 이 한계가 적어도 상당히 오랫동안 중요하게 남을 가능성이 있는 것이다. 물론 우리는 또 '물 자체로서' 존재하는 것의 기술을 목표로 하는 많은 이론들이 나타나는 것을 보게된다. 존재하는 것에 대해 우리가 지닐 수 있는 인식과는 별도로 말이다. 내가 확신하는 것이지만, 이 이론들의 창시자들은 과거보다도 더욱더 배타적으로 그것들을 **사실들** 속에, 다시 말해 '칸트식으로' 사유될 수 있는 현상들 속에 뿌리 내리게 하려고 애쓰게 된다. 따라서 신적인 완벽함이나 이와 같은 개념들에 기대는 내용이 스며든 과학적 논지들이나 과학철학의 논지들은 이별인 것이다. 우리가 이러한 측면을 즐기든 한탄하든, '위대한 창시자

들의' 어떤 '천진함'은 사라져야 할 운명에 처한 것이다. 그렇
다. 실로 우리는 버클리·흄 그리고 칸트의 기여와 관련하여 '청
천벽력'에 대해 확실히 말할 수 있는 것이다.

세번째 수첩

조제프, 푸리에 남작, 앙페르

이집트는 더 이상 지난날의 이집트가 아니었다. 그래서 내가
그곳에 되돌아가는 일은 드물게 되었다. 그러나 18세기말에 유
럽이 불붙었을 때, 내가 평온을 찾으러 간 곳은 나일 강의 사랑
스러운 갈대밭이었다. 나에게 불행이 닥쳤다. 왜냐하면 나폴레
옹 보나파르트가 되살아났기 때문이다. 그러나 전투는 갈대밭을
거의 어지럽히지 않았다. 그래서 나는 군대를 따라온 학자들이
아무것도 이해하지 못하지만 조심스럽게 상형 문자판들을 분주
히 떼어내는 것을 멀리서 즐겁게 엿보았다. 어느 날 나는 이들
가운데 한 사람으로 보이는 사색적인 젊은이를 알게 되었다. 그
는 곧바로 나의 착오를 깨우쳐 주었다. 그는 나에게 이렇게 말했
다. "아닙니다. 나의 역할은 행정적일 뿐입니다. 말하자면 외교
적일 뿐이죠. 나는 프랑스 군대와 당국 사이의 관계를 원만히 만
드는 임무를 띠고 있습니다. 흥미있는 일이지만 그 이상은 아니

지요. 내가 이 그림들을 연구할 수 있다면 참으로 좋겠습니다! 시간을 가지고 인내심을 발휘하면 내가 이것들의 의미를 끝내 알아내지 못하리라고 누가 말하겠습니까?"

조제프 푸리에——나는 이것이 그의 이름이라는 것을 알았다 ——는 이러한 영광이 자신으로부터 벗어나는 것을 보았다. 그는 이제르 현의 지사가 되어 탁월한 조직자의 면모를 드러냈다. (스탕달식으로 이탈리아에 반한 도피네인들은 그 덕분에 몽주네브르의 도로를 가지게 되었다.) 그러나 그는 상형 문자의 연구에 몰입할 수가 없었다. 하지만 그가 젊은 샹폴리옹(샹폴리옹은 케르 시인으로서 약간은 우연히 그의 지역에 당도하였다)에게 베푼—— 결정적——지원 때문에 어쨌든 그의 이름은 궁극적 성공과 연결될 수 있게 된다. 그의 진정한 영광은 다른 지평으로부터 왔다. 수학과 물리학이 아낌없이 그에게 이 영광을 베풀었던 것이다.

조제프 푸리에 남작(황제는 그에게 이 칭호를 수여했다) 때문에 그르노블에서 흥미있는 일들이 벌어졌는데, 나는 이 사실을 나폴레옹 제국 말기 이전부터 나에게 알려 준 출처를 밝히지 않을 것이다. 이 일들은 상당히 감동적이었기 때문에 나는 이 도시를 방문하고 싶은 생각이 간절했다. 그러나 애석하게도 론 강은 물살이 맹렬해 현실적으로 거슬러 올라간다는 것이 불가능했다. 이제르 강도 마찬가지였다. 그리하여 나는 이러한 바람은 공상에 불과하다는 것을 재빨리 헤아렸다.

워털루 전투는 이 점에 관한 나의 문제를 해결해 주었다. 왜냐하면 푸리에가 그의 연구로 되돌아가도록 권유를 받았기 때문이다. 이와 같은 복귀로 인해 그는 센 강가로 가게 되었다. 보다 정확히 말하면 콩티 기슭으로 가게 되었다. 왜냐하면 왕이 결국 그가 아카데미 프랑세즈(한림원)에 들어가는 것에 대한 반대를 포기했기 때문이다. 그런데 이 센 강은 조용하고, 마자랭 궁은 강물에 비치고 있다. 따라서 나의 위대한 인물을 만난다는 것이 쉽게 되었고, 나는 사람들이 생각할 수 있는 것처럼 서둘렀다. 내가 예전에 그의 재능에 대해 품었던 생각은 매우 정확했으므로 긍지를 느낀다. 실제 사람들이 알고 있듯이 모든 프랑스 학자들, 그리고 아마 세계의 모든 학자들 가운데 푸리에는 지구상의 연구실들에서 그 이름이 가장 빈번히 거론되었던 사람이다. 그 이유는 그가 그의 이름을 지닌 급수를 창조했고, 이 급수가 더할나위없이 다양한 과학적·기술적 분야에서 믿을 수 없을 만큼 문제들을 연구하는 데 필수 불가결한 도구이기 때문이다. 교양 있는 자들까지 포함해 그의 동포들만이 그를 모르고 있다. 왜냐하면 그들은 대개의 경우 그들이 보다 잘 알고 있는 동명이인인 샤를 푸리에와 혼동하고 있기 때문이다. 샤를 푸리에는 팔랑주〔생산자 협동조합〕를 창안한 자로 프랑스에서(단지 프랑스에서만······) 이데올로기적 이상론자로 유명하다. 팔랑주의 개념은 푸리에의 삼각 급수의 개념보다 더 쉬운 것이고, 후자는 아마 전자를 설명할 수 있을 것이다.

푸리에의 급수는 수학의 한 요소이다. 나로 말하자면, 흥미를 끄는 것은 그보다는 물리학이다. 따라서 내가 남작을 보러 간 것은, 특히 물리학에 관해 그에게 질문을 하기 위해서였다. 내가 이러한 의도를 가지게 된 것은 인간들이 열전도 법칙에 관해 가진 지식이 푸리에로부터 비롯된 것이고, 그가 자신의 급수를 '창조한' 것은 순수 물리학의 문제를 해결하기 위한 것이라는 사실 때문이었다.

그는 나를 알아보면서 이렇게 말했다. "오, 나의 이집트 여인이여! 당신을 다시 만나게 되어 반갑습니다. 그런데 당신이 상형문자의 문제 때문에 왔다면 샹폴리옹을 만나러 가는 게 낫겠군요!" 나는 내가 흥미를 가지고 있는 주제로 그를 끌어들이는 데 애를 먹었다. 그러나 결국 그렇게 했다. 그는 다시 이렇게 탄성을 올렸다. "당신은 내가 열(熱)의 진정한 성격을 드러내 주기 원하는군요. 하지만 나는 그것에 대해 아는 것이 아무것도 없습니다! 전혀 모릅니다. 그리고 그것에 대해 아무것도 알고 싶지 않습니다."

이번에는 내가 당황했다. 나는 그에게 물었다. "하구에 있는 배의, 말하자면 행태를 알고 예측하기 위해서는 적어도 배의 내적 구조나 성격을 아는 것이 필요하지 않겠습니까? 배의 길이는 얼마이고, 돛대는 몇 개나 가지고 있으며, 돛은 어떤 유형이고, 용골은 어떤 것이며, 키는 어떤 것인지를 알아야 할 필요가 있지 않겠습니까? 그리고 마찬가지로 열이나 전기 또는──사실상──어떤 것이든 전도 법칙을 알기 위해서는, 우선 문제의 실체가 지닌 진정한 성격을 아는 일이 필요하지 않겠습니까?──전혀 아닙니다. 그는 나에게 대답했다. "엄밀히 데카르트적인 그와 같은 환상을 버리십시오. 우리는 사물들의 성격에 대한 질문들을 철학자들의 양식으로 남겨둘 수 있고, 또 남겨두어야 합니다. 그것이 바로 그들의 직업이고 해야 할 일이기 때문입니다. 그것은 전혀 우리의 일이 아닙니다."

　나는 상당히 슬픈 모습을 하지 않을 수 없었다. 왜냐하면 잠시 후에 그가 자기의 말을 정정했기 때문이다. 그는 이렇게 말했다. "특무상사의 잔소리 같은 내 말을 용서하시오. 그건 당연히 나의 사상을 넘어서는 것입니다. 사실 나는 당신이나 우리들 모두처럼 열의 진정한 성격을 매우 알고 싶습니다. 열 이론, 분자 운동 이론, 그리고 다른 이론들 등의 이론들이 현존하고 있습니다. 그래서 어느것이 진짜인지 알 수 있다면 정말 기쁘겠습니다. 그러나 당신도 아시다시피 우리 과학자들은 차가운 머리를 간직해야 합니다. 우리는 궁극적 원인들에 대한 탐구를 시작하기 전에 현상들에 대한 수련을 해야 합니다. 뿐만 아니라 나는 이렇게까지 말하겠습니다. 하나의 사실이 그것이 지닌 의미 있는 모든 측면들로 목록화되지는 않습니다. 마찬가지로 이러한 이유로 과학적 관점에서 그것은 그것이 지닌 모든 측면들로 설명되는 것은 아닙니다. 나로 말하면 열의 성격에 대한 어떠한 가설도 만들지 않습니다. 그러나 그 대신 내가 한 가지 알고 있는 것은 내가 기술한 열전도 방정식이(나의 이 조그마한 긍지의 몸짓을 허락해 주시오) 지식 속에 남게 될 하나의 주춧돌이라는 점입니다. 요컨대 열의 '진정한' 성격이 무엇이든간에 이 방정식은 남게 될 것입니다. 그 이유는 바로 그것이 이와 관련한 모든 사변과 독립적이기 때문입니다."

푸리에의 이 말은 나를 당황의 심연 속으로 몰아넣었기 때문에 나는 콩코르드 다리 높은 곳에서 세탁선의 날개에 부딪쳐 큰 상처를 입는 생각을 했다. 허, 뭐라고? 인간은 사물들의 본질에 **결코** 다다를 수 없다는 것이 진실이란 말인가라고 자문했다. 어찌하여 다만 장막의 한귀퉁이라도 걷어올리겠다는 인간의 갈망이 가소롭다는 것인가? 나는 버클리의 관점이 나를 빠뜨렸던 그 혼란 상태로 되돌아갔다. 그러나 나는 조금씩 조금씩 진정되었다. 그리고 칸트의 주장이 지닌 긍정적 측면을 회상했다. 나는 칸트가 과학적 지식의 재해석을 제안했다는 것을 상기하였다. 이 재해석은 적어도 이 지식의 타당성을 보장해 주는 장점이 있는 것이었다. 푸리에의 이야기가 이와 같은 일반적 견해에 편입된다고 생각했을 때, 그것은 나에게 보다 덜 실망스러운 것으로 보였다. 요컨대 열 방정식 같은 방정식의 발견이 지닌 '존재론적' 한계가 무엇이든, 이 발견은 진정으로 하나의 진리를 밝히는 작업을 이루고 있다고 생각했다.

그리고 나는 갑자기 앙페르가 있다는 것을 상기했다. 앙페르는 자신의 연구 대상인 전류의 진정한 성격을 간파해 내지 않았던가? 그후 몇 주 동안 나는 이 점을 밝혀 보려고 바쁘게 보냈다. 사실을 말하자면 나는 약간 실망했다. 실제 앙페르는 질문을 받자 푸리에와 같은 대답을 했던 것이다. 그는 나에게 이렇게 말했다. "전기요? 나는 그것을 하나의 유체로서 다룹니다. 그런데 '유체' 라는 것은 현실적으로 어떤 것이나 의미하지요. 도시를 돌아다니는 마차들의 통행까지 유체의 운행으로 간주될 수 있습니다. 달리 말하면 내가 관심을 가지고 있는 것은 전류의 심층적 성격보다는, 예를 들면 전류의 행동·효과·자기와의 관계입니다. 그 성격이 내 호기심을 자극하지 않는다고 말하는 것이 아닙니다. 나도 이에 관해 더 많이 알았으면 좋겠습니다. 때때로 나는 하나의 가설을 모험적으로 세워 보기도 합니다. 그러나 결국 내가 확신하고 있는 것은, 전기와 관련하여 새롭고 정확한 요소들을 발견하는 데 전기의 궁극적 성격에 대한 지식이 필요한 것이 아니라는 점입니다. 다행스러운 일이죠."

그러나 잠시 후에 앙페르는 자기의 말을 수정했다. 그는 나에게 이렇게 말했다. "이와 같은 접근이 매우 풍요로운 결과를 가져온다는 것은 명백합니다. 사람들이 생각할 수 있었던 것 이상이죠. 그러나 이 접근에도 한계가 있습니다. 그리하여 언젠가는 우리의 후계자들이 이 접근과 충돌할 것이라는 생각은 그럴듯한 이야기죠. 당연히 그들은 그들이 연구하는 실체들의 성격에 대해 탐구하는 데까지 나아가야 할 것입니다. 그들은 이 성격을 '유체'에 대한 나의 개념 같은 우리의 친근하고 유일한 개념들로 결국 환원시킬까요? 이는 전혀 확실하지 않습니다. 그들의 여정을 이루는 이런 단계는 그들에게 풍요롭고 놀라운 결과들을 가져올 수도 있습니다. 자, 여기 프레넬이 지나가고 있습니다. 이미 그는 자신의 **에테르**와 더불어 가장 질긴 '실존적' 문제 하나와 싸우지 않을 수 없었습니다."

빛과 이론

프레넬은 연약하고 매력 있는 아주 젊은 남자였다. 그는 광학을 발전시켰을 뿐 아니라 등대에서 빛줄기를 모아서 멀리 투영하는 데 이용되는 렌즈를 발명했다. 뿐만 아니라 실험적인 성격의 결정적 논지들을 통해 빛의 파동설을 관철시켰다. 나아가 그가 보여 준 것은 빛이 파장의 방향에 비해 본질적으로 비스듬한 진동으로 이루어진다는 것이다. 이것이 '편광'이라 불리는 현상이다.

그런데 무엇으로 진동한다는 것인가? 이와 관련하여 소리는 신비한 것이 아니다. 소리는 공기의 진동이다. 좀더 일반적으로 말하면 그것은 그것이 전파되는 환경의 진동이다. 그런데 빛은? 빛은 태양·별들 등으로부터 오고, 이 별들과 지구 사이에는 공기가 존재하지 않으므로 공기가 빛의 진동을 받쳐 준다는 것은 배제된다. 프레넬은 나에게 이렇게 말했다. "따라서 보다 더 '에테르성을 띤' **다른** 환경——이러한 이유로 이 환경은 '에테르'라 불리게 된다——의 존재를 분명히 인정해야 합니다. 바로 이 환경이 모든 공간을 채우고 있으면서 진동하는 것이죠. 요컨대 그것은 데카르트의 '오묘한 물질'에 다름 아닙니다. 내가 인정하는 것입니다만, 다만 나는 상당히 거북할 뿐입니다. 왜냐하면 이 에테르라는 개념이 **특별한 것** 같기 때문입니다. 현재로선 그것은 '파동하다'라는 동사에 주어를 부여하는 데 사용될 뿐입니다. 그런데 사실 우리는 어떤 것의 존재를 발견할 때, 독립적으로 시험될 수 있는 결과들을 끌어내는 것이 습관화되어 있지요. 그러나 이러한 전망에서 볼 때 어쨌든 희망이 있습니다. 그리하여 에테르가 공간을 채우고 있다면, 적어도 '권리적인 면에서' 갈릴레오의 위대한 생각을 반박할 수 있다는 결과가 나옵니다. 그래서 사실 갈릴레오가 말했듯이 등속 병진 운동은 모두 상대적이고, **절대적인** 정지는 의미 없는 착상이라고 말하는 것이 허구가 되는 것입니다. 에테르 자체가——우리가 말하곤 했듯이——'특권이 부여된'——유일한 준거체, '주축 체계'를 표현하며, 이 준거체와의 관련 속에서 우리는 정지라 불릴 수 있는 것을 규정하는 데 합의할 수 있는 것입니다. 예를 들어 에테르와 관련된 지구의 운동이——따라서 이 지구의 '절대적 운동'이——분명해지는 날, 내가 생각하는 그 결과들의 하나가 적중될 것입니다. 이 결과는 하나의 에테르라는 관념에 토대를 둔 빛에 대한 나의 설명이 **특별한 게** 아님을 보여 주는 것입니다. 그런 순간이 올 때 나는 진정으로 만족할 것입니다. 그러나 나는 이런 종류의 꿈을 꾸는 것을 망설이고 있습니다. 왜냐하면 나의 이론에는 아직도 어려운 문제들이 있기 때문이죠. 사실 빛의 진동이 비스듬하다는 성격과 오로지 양립할 수 있는 것은 **경직된** 전파 환경의 가설뿐이라고 보여집니다. 그런데 에테르가 경직된 환경이라면, 어떻게 지구 · 태양 · 천체들이 그 속에서 움직일 수 있겠습니까? 보시다시피 아직도 할 일이 남아 있습니다!"

애석하게도 프레넬은 39세에 죽었다. 따라서 그는 자신의 사상을 원숙하게 만드는 데 실질적으로 기여할 수가 없었다. 나는 '원숙'이란 말을 하지만, 사실 그의 사후 1세기 이상 동안 일어난 일에 비추어 보면 나는 차라리 '변모'라고 말해야 할 것이다. 사람들은 에테르를 통과하는 지구의 이와 같은 운동을 탐색했지만 찾아내지 못했다. 빛의 성격에 관해 말하자면, 우리는 적어도 무엇이 빛이 아닌지를 알 수 있다. 그것은 어떤 에테르의 순전한 파동일 수가 없다. 이 에테르라는 것은 외양으로 나타난 모든 것으로 볼 때 존재조차 하지 않는 것이다! 그러나——이러한 조건에서 거의 믿을 수 없는 일이지만——프레넬의 사상이 완전히 '죽은' 것은 아니다. 그의 이론은 '허구'가 아니었다. 어떤 의미에서 우리는 그것이 빛에 관한 현재의 이론에 기초가 되고 있다고까지 말할 수 있다. 내가 어떻게 이 모든 것을 이해했는지 설명하겠다. 고백하지만 매우 어려운 일이었다. 사실 나는 19세기 내내 나의 시간 대부분을 프랑스와 영국 사이에서 수영을 하면서 이 모든 것을 좀더 분명히 이해하려고 시도했다.

왜냐하면 이 두 나라에서 그만큼 매우 주목할 만한 주장들이 제기되었기 때문이다. 사실 이 주장들은 우선 다른 영역과 관련되어 있었다. 이 영역은 다름 아닌 전기의 영역이다. 좀더 정확히 말하자면, 전기와 자기와의 유사성을 강조하기 위해 아주 신속하게 '전자기학'이라 불린 영역이다. 이 분야에서 재빠르게 인기를 끈 개념은 장(場)의 개념이다. 모두가 알고 있듯이, 전자석은 앙페르의 계산을 구체화시키고 있다. 즉 모든 전류는 자장(磁場)을 낳는다는 것 말이다. 그러나 이를테면 상호적인 발견을 한 사람은 영국인 패러데이이다. 이 발견에 따르면, 폐쇄 전기 회로 부근으로 자석을 이동시키면, 다시 말해 회로가 있는 곳에서 자기장이 변화하면 회로 안에 전류가 발생된다는 것이다. 이것이 이른바 '유도(誘導)'라는 것이다.

이와 같은 모험 초기에 나는 이러한 '장(場)들'에 대해 잘못 생각했었다. 나는 그것들을 '뉴턴식'으로, 요컨대 그것들의 근원이 발생시킨 일종의 힘들로 생각했다——근원(자석 또는 전기를 띤 물체)을 놓아 보세요. 주변에 온통 장이 존재하게 됩니다. 근원을 치워 보세요. 장은 순간적으로 사라집니다. 이런 식으로 나는 추론했다. 그러나 전혀 그렇지 않았던 것이다! 당신이 근원을 치워도 장은 사라지지 않거나, 적어도 주변 모두에서 사라지지는 않으며 즉시 사라지지도 않는다. 따라서 모든 곳에 장의 존재가 '자율적인' 기간이 있는 것이다. 이 기간이 짧든 길든 말이다. 이러한 측면은 장들이 무한하지 않은 속도로 전파된다는 놀라운 사실에 기인한다. 결국 약간은 사물들처럼 말이다. 명쾌히 행동하는 사람들은 장들을 지배하는 방정식들—— '맥스웰의 방정식들' ——이 '빈 공간 상태에서조차도' 무가치하지 않은 해법들을 가지고 있다고 말한다. 이 해법들은 문제의 장들——전기 및 자기——을 어떤 것과도 상호 작용하지 않고, 자유롭게 이동할 수 있는 '파동 행렬'의 형태로 기술하는 파동적(나는 이 말을 즐긴다. 왜냐하면 파동을 매우 좋아하기 때문이다!) 해법들이다. 빈 공간 속에서 이 헤르츠파——최초로 이 헤르츠파를 제시한 사람은 헤르츠이다——는 빛의 속도로 전파되고, 이 빛의 다양한 속성들을 나타낸다.

그렇다. 당신은 **빛의** 속도와 속성들이란 말을 분명히 읽었으리라! 내가 이것을 알았을 때——바로 이 경우에 이런 말을 써야 한다······——그 계시의 느낌이 얼마나 대단했던가! 헤르츠파와 빛이 단 하나의 동일한 것에 지나지 않는다면? 광파가 헤르츠파의 변화에 지나지 않는다면? 이것들이 내가 영불 해협 한가운데서 파도를 넘나들며 제기한 질문들이었다. 그러나 나 자신의 내부에서 이미 이에 대한 대답을 했었다. 그렇기 때문에 내가 실제로 그것들의 동일성이 완전하고 확실하다는 것을 알았을 때, 전혀 놀라지 않았다.

그렇다고 이 발견의 웅대한 측면이 모든 일이 지닌 수수께끼적인 양상을 나에게 감추지는 못했다. 진정으로 '빛'이 '장'과 동일하고 장들이 사물들과 같다면, 우리는 이 모든 것이 구름처럼 공간 속에서 여행하고 에테르라는 것이 필요치 않다고 상상할 수 있다. 다른 한편 그렇다면 현상의 파동적 측면을 어떻게 이해할 것인가? 따라서 하나의 파동 방정식에서 나타나는 크기들, 즉 변동하는 크기들은——분명히——**크기들**이지 사물들이 아니다. 나는 이 크기들을 상상할 수 있게 되었다. 그러나 단지 수반(水盤)의 그 어떤 지점에서 수면의 높이들처럼, 아니면 국부적인 압력처럼 상상했다. 요컨대 '**무언가 어떤 것**'의 **변화하는 속성들**처럼 상상했던 것이다. 진정으로 장들이 맥스웰의 방정식에서 기호들로 나타나는 그 크기들과 일치될 수 있었다면, 그것들은 무언가 어떤 것의 속성들임에 틀림없었다. 그리하여 사람들은 에테르로 되돌아가고 말았다! 이 장들 자체가 결국 문제의 '사물들'이 아니기만 하다면 말이다. 그러나 어쨌든 대단한 혁명이거나 대단한 개념적 막연함이 아닐 수 없다! 나는 답답함을 느꼈기 때문에, 요컨대 현상들을 **그려 본다는** 것이 진정 불가피한 것인지 자문하고 말았다. 그리고 만약 그렇다면 '객관주의적 언어'만을 통해서 그렇게 하는 것이 진정으로 이성——또는 논리——의 절대적 명령인지 자문했다. 내가 '객관주의적 언어'를 통해서 나 스스로에게 지칭한 것은 데카르트가 예전에 일컬었던 '분명하고 뚜렷한' 관념들, 즉 물체, 물체의 위치, 운동, 형태 같은 거추장스러운 관념들이었다. 물론 보다 근대적이면서 이러한 관념들과 어떤 유사성의 관계를 지닌 다른 여러 관념들도 포함되었다. 나는 모든 일에 있어서 나를 봉쇄하고 있는 것이 문제의 절대적 명령이라는 사실을 자각하고 있었다. 왜냐하면 운동들이 무언가 어떤 것의 운동들이기를 원했기 때문이다. 다만 나는 완전히 당황하지도 않고, 모든 합리성과 고별하지도 않으면서 동시에 어떻게 아리안의 실[길잡이가 되는 실]을 놓아 버릴 수 있는지 잘 알지 못했다. 나는 흥분 속에서 앙리 푸앵카레에게 자문하러 가기로 결심했다.

앙리 푸앵카레는 낭시인으로서 파리의 이공과 대학을 졸업했으며, 광업국의 엔지니어이자 위대한 수학자였고, 천체역학의 대전문가였다. 당시에 그는 합리주의자들이 보기에 최고 수준에 오른 합리성의 패러다임적 상징이었다. 따라서 나는 소르본으로 그를 만나러 가기 전에, 내가 지닌 세이렌의 모든 속성들을 아주 주의 깊게 거두어 숨겼다. 사실 내가 두려워한 것은, 그가 그의 일부 다른 동료들처럼 그리스어의 어원으로 볼 때 애매함을 어쩔 수 없는 그런 말만 가득한 추상적 추론으로 뛰어들지 않을까 하는 점이었다. 다행히 나는 곧바로 안심이 되었다. 왜냐하면 그가 나에게 말한 언어는 완벽하게 단순했기 때문이다. 그는 나에게 다음과 같이 말했다. "나는 당신의 혼란을 이해합니다. 하지만 그렇다고 회의적이 되어서는 안 될 것입니다! 다만 필요한 것은 당신이 과학적 이론들의 목표와 역할에 대한 정확한 관념을 가지는 것입니다. 어떤 이론도 빛을 에테르의 운동 탓으로 돌린 프레넬의 이론보다 더 견고하지 않다고 봅니다. 그런데 나도 인정하는 바이지만, 사람들은 그의 이론보다 맥스웰의 이론을 더 좋아합니다. 이는 프레넬의 작업이 헛된 것이었다는 것을 의미할까요? 아닙니다. 왜냐하면 프레넬의 목표는 에테르가 실제로 존재하는 것인지, 이 에테르가 원자들로 형성되어 있는지 아닌지, 이 원자들이 실제로 그 어떤 방향으로 움직이고 있는지, 이런 것들을 아는 게 아니었습니다. 그의 목표는 광학적 현상들을 예측하는 것이었습니다. 그런데 프레넬의 이론은 맥스웰 이전과 마찬가지로 오늘날도 여전히 이러한 예측을 가능하게 해줍니다. 미분 방정식들은 여전히 옳습니다. 우리는 동일한 방법들을 통해서 이 방정식들을 언제나 적분할 수 있으며, 이와 같은 적분의 결과는 언제나 온전한 가치를 간직합니다."

나는 말했다. "그렇지만 당신은 물리학의 이론들을 단순한 처방의 역할로 축소시키지 않습니까?"——아닙니다. 그는 나에게 대답했다. "이 방정식들은 관계들을 나타내며, 방정식들이 옳다면 이 관계들이 그것들의 현실성을 간직하기 때문입니다. 방정식들이 우리에게 과거에도 미래에도 가르쳐 주는 것은 어떤 것과 또 다른 어떤 것 사이에 관계가 있다는 점입니다. 다만 이 무언가 어떤 것을 예전에는 우리가 **운동**이라 일컬었고, 지금은 **전류**라 일컫고 있지요. 그러나 이런 명칭들은 자연이 우리에게 영원히 감추게 될 실제적인 물체들을 대체한 이미지들에 불과했습니다. 실제적인 이 물체들 사이의 진정한 관계들이 우리가 도달할 수 있는 유일한 현실입니다……."

푸앵카레의 이와 같은 답변은 나에게 매우 중요했다. 그래서 나는 나중에 그것이 그대로, 아니 거의 그대로 그의 저서 《과학과 반법》 10장에 옮겨져 있는 것을 발견하고 행복했다. 그런데 과학철학자들은 오늘날도 여전히 이 대목의 정확한 의미를 탐구하고 있다. 분명한 것은 푸앵카레가 그 속에서 급진적이고 대립적인 두 개의 견해를 배척한다는 것이다. 하나는 이른바 '천진한' 실재론으로서, 이 실재론에 따르면 우리는 우리와 완전히 독립적인 것으로 생각되는 사물들의 진정한 성격을 발견할 수 있다는 것이다. 다른 하나의 극단에는 이론들이 관찰의 예측적 도구들에 불과하며, 그 이상 아무것도 아니라고 간주하는 '급진적 작용주의'가 있다. 반면에 여전히 열려져 있는 문제는 푸앵카레가 물 자체로서 이 사물들의 실재를 믿었는지 아는 것이다. 그는 이 사물들을 인식할 수 없다고 우리에게 말했다. 10장의 대목을 문자 그대로 받아들이면, 대답은 '믿었다'라고 말할 수밖에 없다. 그리고 그렇기 때문에 어떤 이들은 푸앵카레의 철학을 '구조적 실재론'이라 규정하고 있다. 그러나 어떤 해설자들은 문제의 대목을 푸앵카레의 다른 철학적 텍스트들과 대조함으로써, 그가 결국은 실재론자로 규정될 수 없다고 판단한다. 그의 인식론으로 지칭된 '약속설'은 '물 자체'의 개념에 만족할 수 없다. 비록 이 물 자체가 도달 불가능한 것으로 상정되어 있지만 말이다. 나로 말하자면, 이와 같은 역사적인 점을 밝히려고 하지는 않았다. 그러나 이 과학자가 가르쳐 준 위대한 교훈을 기억하고 있다. 그것은 과학이 표상의 장막을 완전히 제거해 주리라 기대하는 것이 아마 꿈 같은 일일 것이라는 점이다.

상대성

푸앵카레가 말했던 것은 나에게 대단한 충격을 주었으며, 나의 철학적 사상에 아직도 지속되는 영향을 미쳤다. 그러나 그것은 매우 큰 전망들만을 밝혀 주었지 현상의 세세한 면을 밝혀 준 것은 아니다. 특히 나뿐 아니라 거의 모든 사람들에게 에테르 내에서 지구의 운동을 확인하는 데 목표를 두었던 실험들의 실패는 매우 역설적인 것으로 남아 있었다. 사실 나는 맥스웰과 그의 후계자들——로렌츠와 다른 사람들——조차도 이 에테르의 개념을 파동이란 관념의 거의 필요한 보조물로 계속해서 간주했다는 점을 확인하였다. 따라서 그들 모두가 당황했다는 것이 나를 놀라게 하지는 않았다. 나는 당연히 액체적 요소의 주인으로서 사유했고, 갈릴레오가 그토록 명쾌히 나에게 보여 준 것을 상기했다. 즉 하나의 배가 조용한 물 위에서 똑바로 달린다면, 승객들이 배의 움직임을 확인할 수 있는 것은, 비탈진 언덕들을 바라봄으로써만 가능하다는 것이다. 마찬가지로 소함대의 여러 선박들에 탄 사람들이 이 함대 전체의 움직임을 확인할 수 있는 것은 배들끼리 서로 발사물을 교환하고 그것들이 달린 시간을 비교함으로써만 가능하다는 것이다. 그러나 나 운디네가 하나의 배로부터 다른 하나의 배로 메시지를 전달한다면(우스꽝스러운 발상이지만!), 이 배들에 탄 선원들은 후미에 있는 배로부터 선두에 있는 배로 헤엄쳐 가는 일이 그 반대보다 더 많은 시간이 나에게 필요하다는 것을 즉시 알아차릴 것이다. 그들은 다만 메시지를 전달하는 시간을 비교함으로써 자신들이 움직이고 있는지 아닌지를 알 수 있을 것이다. 그리고 내가 파도로 변한다 할지라도 (가끔 세이렌들은 그런 일을 한다) 사정은 완전히 똑같을 것이다. 왜냐하면 물고기 · 돌고래 · 세이렌 · 파도 등은 모두가 바다라는 '준거체'와 연결되어 있기 때문이다. 그래서 내가 소함대를 지구로, 바다를 에테르로, 파도를(또는 나를) 헤르츠파로 대체한다 할지라도 마찬가지일 수밖에 없을 것이다. 빛이 파동적 성격을 지니고 있다면, 따라서 에테르 속에서 전파되는 파동(다시 말해 파도)을 매개로 지구인들이 '빛의 신호'라 명명한 메시지를 하나의 언덕으로부터 다른 언덕으로 서로 보낸다면, 그들은 조금 전의 선원들처럼 메시지가 도달하는 기간에 있어서 차이를 확인할 수밖에 없을 것이다. 신호가 한 언덕으로부터 다른 언덕으로 가는 데 걸리는 시간은 계절에 상관 없이, 반대의 길을 가는 데 걸리는 시간과 일률적으로 같을 수가 없게 되어 있는 것이다!

점진적으로 나를 깨우쳐 준 것은 또다시 푸앵카레였다. 1899년에 그가 강의한 것이 《전기와 광학》으로 출간된 곳에서 나는 다음과 같은 대목을 읽었다. "나는 광학적 현상들이 현존하는 물체들의 상관적 운동들에만 종속된다는 주장이 매우 개연성이 있다고 생각한다." 나는 이것을 나의 영상 속에서 "(바다가 아니라) 배들에만 종속되어 있다"로 표현했다. 그리고 내가 분명히 주목한 것은 그가 여기서 다만 **역학적** 현상들뿐 아니라, 광학적 현상들에 대해서도 이야기하고 있다는 것이었다. '파동이냐 아니냐 하는' 모든 문제를 부적절한 것으로 배제한다면, 갈릴레오의 상대성은 그렇게 해서 푸앵카레에 의해 근본적으로 일반화되었던 것이다. 뿐만 아니라 1902년 《과학과 가설》에서 그는 남보다 앞서가면서 이렇게 썼다. "절대적 공간이란 없다." 그리고 나서 나중에 "절대적 시간이란 없다"라고 썼다. 그리고 또 나중에 "절대적 공간, 다시 말해 지구가 실제로 돌고 있는지 알기 위해 지구를 결부시켜야 할 그 지표는 객관적인 어떤 존재도 지니고 있지 않다"라고 하였다.

그러나 내가 그의 입으로 본질적인 말을 들은 것은 이보다 2년 후인 1904년 9월이었다. 나는 당시에 루이지애나(이곳에도 세이렌들이 있지만 나보다 덜 우아하다)의 석호에서 뛰놀고 있었다. 나는 푸앵카레가 이보다 조금 북쪽의 세인트 루이스에서 자신의 입장을 표명할 예정이라는 것을 우연히 알게 되었다. 넓디넓은 미시시피 강을 거슬러 올라가 강연실에 잠입하는 것은 나에게 쉬운 일이었다. 나는 연설자가 발표에서 나를 동요시키고 있었던 문제에 큰 위상을 부여하는 것을 확인하고 매우 기뻤다. 그는 수학적 방정식의 차원뿐 아니라, 순수하게 물리학적 가설의 차원에서도 로렌츠가 제안했던 이론의 내용을 기술하였다. 그러나 특히 그는 이 내용이 그가 여기서 진술하는 **상대성 원리**와 일치한다는 것을 강조하는 데 많은 주의를 기울였다. 인용하자면, 이 원리에 "따르면 물리적 현상들의 법칙들은 고정된 관찰자에게나 등속 운동을 하고 있는 관찰자에게나 동일해야 한다. 그리하여 우리 자신이 그러한 운동 속에 있는지 아닌지 판별할 어떠한 방법도 가지지 못하며 가질 수도 없다." 그리고 내가 다시 분명히 주목한 것은, 그가 말하는 현상들이 광학을 포함한 물리적 현상들 전체라는 점이었다. 문제가 되는 일치(로렌츠 이론과 문제 원리와의 일치)의 자세한 설명에 대해서 말하자면, 그것은 1905년 6월 5일자 과학 아카데미에 기록된 푸앵카레의 메모에 명료하게 드러난다. 나는 이 메모에서 다음과 같은 문장을 발견했다. "로렌츠가 확립한 본질적 요점은, 전자기장의 방정식들이 내가 로렌츠의 이름으로 부르고자 하는 어떤 변환에 의해서도 변질되지 않는다는 것이다." 이 변환은 우리가 오늘날 로렌츠의 것으로 인정해 주는 형태로 이 자료에 (처음으로) 제시되고 있다.

극도로 단순하고 대수롭지 않은 것 같은 네 개의 방정식을 통해서 이 변환은 진정한 지적 지진을 나타내고 있다. 왜냐하면 그것은 보편적 시간의 뉴턴적 개념을 버리기 때문이다. 그것은 어떤 준거체(바다라고 하자) 내에서 하나의 사건을 간파하게 해주는, 시간과 공간의 좌표들에 동일한 사건의 위치를 제2의 준거체(조금 전의 소함대라고 말하자) 내에서 알아낼 목적으로 다른 좌표들에 대응시킨다. 그런 식으로 우리가 준거체를 바꿀 때, 시간과 공간이 서로의 내부에서 부분적으로 변한다는 사실은 받아들이기 매우 어려운 것이다. 그러나 어쩔 수 없는 것이기도 하다. 나에게는 세인트 루이스의 강연 이후로(그리고 1905년 6월의 메모를 읽고 난 이상) 모든 것이 즐겁고 논리정연하게 되었다. 과연 절대적인 시간도 공간도 없다면, 하나의 지표로 본 한 사건의 시간적·공간적 좌표들과 또 다른 하나의 지표로 본 이 사건의 시간적·공간적 좌표들 사이에는 어떤 대응이 있을 수 있음을 받아들이는 데 어떠한 어려움도 없는 것이다. 이러한 조건에서 푸앵카레가 해석한 로렌츠 이론으로부터 도출되는 것은 전자기의 작용이 시스템의 운동과는 전적으로 독립적이라는 것인 바, 우리가 말할 수 있는 것은 적어도 형식적으로는 에테르가 더 이상 필요치 않다는 것이다. 나는 '형식적으로'라는 말을 했다. 왜냐하면 사물들을 약간이라도 영상화하고자 노력하는 이라면 누구나 개념으로부터 벗어나는 데 어려움이 많기 때문이다. 로렌츠는 죽을 때까지 개념에 충실했다. 그러나 나는 '에테르'라는 유형의 모든 관념들과 관련하여, 《과학과 가설》이 표현하는 비판적 판단을 보다 기꺼이 지지한다. 푸앵카레는 이 책에서 이렇게 썼다. "에테르가 실제로 존재하느냐 그렇지 않느냐는 별로 중요하지 않다. 그것은 형이상학자들의 문제이다……. 그런 가설들은 부차적인 역할밖에 하지 않는다. 우리는 그것들을 희생시킬 수 있다. 그런데 보통 우리는 그렇게 하지 않는다. 왜냐하면 그렇게 되면 설명이 명료함을 상실하기 때문이다. 이것이 유일한 이유이다."

우리가 알다시피 아인슈타인은 《과학과 가설》을 입수해 그 내용을 친구들과 주의 깊게 논의했다. 그가 이 문제들에 관해 그의 유명한 논문 〈운동중인 물체의 전자역학론〉을 발표한 것은 1905년 9월 26일이다. 입문서들을 보면, 상대성의 원리는 매우 일반적으로 '아인슈타인의 상대성'이란 이름이 붙어 있다. 그러나 나는 그 이유를 이해하는 데 다소 어려움을 느낀다. 로렌츠는 푸앵카레에게 바친 사자 약전(死者略傳)의 항목에서 사실 다음과 같이 썼다. "나는 상대성의 원리를 엄밀하고 보편적인 진리로서 확립하지 못했다. 반대로 푸앵카레는 완벽한 '불변'을 획득했고, (…) 상대성의 가설을 공식화했다. 상대성의 가설이란 말은 그가 처음 사용한 것이다." 푸앵카레는 에테르의 개념을 간직했다고 보여지고, 그리하여 자신의 작업이 가져다 준 결실의 성격을 몰랐을 것이기 때문에 상대성의 아버지일 수가 없다는 논지가 가끔 제시되는데, 나는 이 논지가 단순히 허위처럼 보인다. 앞에서 인용된 그의 마지막 문장이 실제로 보여 주는 것은 그가 문제의 개념을 이미지로서만 간직했다는 것이다.* 그러나 이른바 '선점'과 관련된 모든 문제들이 그렇듯이, 이 논란은 나의 관심을 거의 끌지 못한다. 게다가 내가 확인하는 것은 젊은 사람일 수록(나는 영원히 젊지 않은가!) 더 이런 식으로 반응한다는 것이다. 따라서 나는 이런 태도가 젊은 아인슈타인 자신의 태도였으리라는 것을 의심치 않는다. 그리하여 그가 자신의 논문에서 어느 누구의 업적도 참조하지 않고 있다는 사실——이 사실 자체가 놀라운 것이다——이 내 생각을 확인시켜 준다. 과연 이 사실로 미루어 내가 생각할 수 있는 것은, 이 논문이 집필자의 정신 속에서조차도 '널리 퍼져 있는' 관념들을, 이를테면 '명백히 한 것'(그런데 이 명백히 하기는 물리학 역사에서 가장 천재적인 것이다!)으로 다분히 간주될 수밖에 없었을 것이라는 점이다. 어쨌든 분명한 것은 문제의 논문이 국제 과학계 내에서 아주 신속하게 불러일으킨 반향이다. 국제 과학계가 이 모든 일의 본질적인 요점, 즉 내가 말한 불변을 인식한 것은 이 논문을 **통해서**이지 푸앵카레가 남긴 프랑스어로 된 메모를 통해서가 아니다. 따라서 바로 이 논문에 실림으로써 상대성 이론은 비약을 하게 된 것이다.

아인슈타인은 자신의 성과에 이르기 위해 내가 앞에서 약간 언급한 바 있는 인식철학에 의거했다. 이 인식철학은 인간 존재들이 물 자체(물 자체가 존재한다 할지라도)에는 전혀 다다를 수 없다고 생각하는 것이다. 그리고 그것은 '공허한 말을 하는 것'을 피하기 위해 인간들이 자신들의 개념들을 규정하지 않을 수

---

* '푸앵카레와 상대성'의 문제는 쥘 르뷔글이 〈노란색과 붉은색〉이란 철저히 고증된 논문을 통해 자세히 연구하였다. 이 논문은 앞에서 참고로 인용되었고, 그 속에 담긴 정보들도 뽑아내 사용되었다.

없으며, 그러기 위해 그들은 자신들의 행동과 지각 작용에 명료하게 의존하지 않을 수 없다고 생각하는 것이다. 바로 이러한 원칙들의 토대 위에 푸앵카레와 아인슈타인은 아마 모두 서로 독립적으로 다음과 같은 발상을 도입했을 것이다. 즉 절대적 시간이란 존재하지 않고, "두 개의 지속이 같다고 말하는 것은 약속에 의해서만 의미를 얻을 수 있으며"(《과학과 가설》, 1902) 거리상의 동시성〔서로 다른 위치에서 하나의 사건을 동시적으로 보는 것〕은 조작적으로 규정되어야 한다는 것이다. (시각적 신호들을 통한 시계의 조정은 푸앵카레가 1900년 《로렌츠의 이론과 반작용의 원리》에서 다루었다.) 그러나 내가 재빨리 알아차린 것은 이와 같은 '약속설'이 아인슈타인보다는 푸앵카레에게서 더 강조되었다는 점이다. (약속설이란 명칭도 푸앵카레로부터 나왔다.) 특히 나는 그들이 이 약속설을 완전히 동일한 방식으로는 생각지 않는다는 것을 알아차렸다. 푸앵카레는 그것을 편리함의 관념에 집중된 진정한 철학으로 생각했다. 그리하여 당연히 그는 어떤 견해가 진정 편리한 것인지 아닌지를 판단하는 기준을 내적 단순성, 신체 기관들 및 도구들의 조직과 일치의 정도 같은 매우 일반적인 조건들에 맞추었다. 반면에 아인슈타인은 조작적인 준거를 본질적으로 하나의 방법처럼 생각했다. 이 방법은 선입관으로부터 해방시켜 주고, 이제 막 그 풍요성을 입증한 상대성과 불변의 원리들을 최대한 활용하게 해주는 것이다.

기하학의 분야에서 푸앵카레의 관점은 유감스러운 결과를 얻었고, 이 결과는 그로 하여금 다음과 같은 것을 주장하게 만들었다. 즉 에우클레이데스 기하학이 가장 편리했으며, **앞으로도 여전히 그러리라는** 것이다. 물론 이러한 주장을 통해 그가 은연중에 암시한 것은 에우클레이데스 기하학을 항상 이용하는 것이 좋을 거라는 점이다. 그후 얼마 안 가서 아인슈타인은 일반 상대성 이론을 확립했다. 엄청난 성공을 거둔 이 이론은 기하학과 중력의 개념을 통합했는데, 이는 비(非)에우클레이데스 기하학에 의존한 덕분이었다. 이 점이 보여 주는 것은 푸앵카레의 철학적 상대주의가 끝까지 나아갈 수 없었다는 것이고, 하나의 관점이 풍요로우냐 아니냐는, 특히 인간 중심적인 요소들을 토대로 해서는 평가될 수 없다는 것이며, 불변과 같은 다른 요소들이 분명 근본적 역할을 한다는 것이다. 사람들은 불변 또한 인간, 즉 인간이 무엇을 하고 안하느냐에 준거한다고 말할 것인가? 그것은 물론 부분적으로는 맞지만 배타적인 것은 아니다. 어쨌든 전쟁 직후 천문학적 관찰을 통해 확증된 일반 상대성의 성공이, 아인슈타인의 철학이 초기 '작용주의'로부터 점점 더 명료하고 단호한 수학적 실재론으로 변화하게 만든 주요 요소들 가운데 하나라는 점은 틀림없다.

원자와 양자

내가 언급하는 것이 다소 늦은 감이 있는 한 가지가 존재한다. 그것은 19세기 중엽부터 나의 활동이 어쩔 수 없이 열광적이 되었다는 것이다. 모든 영역——화학 · 재료학 · 전기 · 열역학 · 방사능 · 양자 등——에서 발견의 리듬에 엄청난 가속도가 붙은 것이었다. 반(半)여신적인 나의 신경 단위들이 당신들 것보다 분명하게 더 빠르게 작용해 보았자 소용이 없다. 나는 전체를 통제하는 데 어려움을 겪었다. 그러나 특히 사유를 통해 모든 것을 다시 보고 있는 지금 알아차리게 되는 것은, 내가 적절하게 이 모든 것을 설명할 수 없다는 점이다. 나는 풍요로운 연대기에서 선별하지 않을 수 없는 역사가의 상황에 처해 있다. 아니면 발행부수가 엄청난 신문의 편집장이 독자들을 과다한 제목들과 계속되는 이름으로 질식시키지 않을까 염려해, 많은 정보를 희생시키지 않을 수 없는 상황에 처해 있는 것이다. 안된 일이지만 어쩔 수 없다! 할머니의 귀금속 상자를 뒤지고 있는 손녀딸처럼, 나는 되는 대로 아무렇게나(아니면 거의 그렇게……) 선택을 할 것이다.

게다가 나는 이미 그렇게 시작했다. 나는 카르노와 《불의 원동력》에 대해 말하지 않았다. 다윈 · 파스퇴르 · 베크렐 · 마리 퀴리, 그리고 다른 많은 인물들에 대해서도 침묵했다. 그러나 나는 양자에 대해 이야기해야 한다. 그것은 나에게 엄청난 흥미를 불러일으켰으며, 내가 가장 근본적이라고 믿는 주제이기 때문이다.

양자의 문제는 훨씬 오래되고 나를 항상 매료시킨 다른 문제, 즉 원자의 문제와 연결되어 있다. 여기서는 내가 말한 바 있는 데모크리토스와의 대담까지 거슬러 올라가지 않고, 이와 관련하여 가생디를 방문한 일을 언급해야 한다. 틀리지 않는다면 이 방문은 1649년에 있었다. 디뉴 교회의 사제장이었던 이 존경할 만한 성직자는 당시 이 도시에 살고 있었다. 그래서 나는 뒤랑스 강의 빠른 물살을 거슬러 올라가 그곳에 도달하는 데 힘이 들었다. 나는 그에게 질문을 하리라 단단히 마음먹었다. 왜냐하면(내가 데카르트와 관련하여 지적한 바와 같이) 근대에 와서 소크라테스 이전의 원자론을 부활시킨 것은 바로 그였기 때문이다. 이 원자론은 플라톤과 아리스토텔레스에 의해 거의 소멸되었던 것이다. 나는 이미 나의 정신이 원자론으로 기울어지는 내적 성향을 고백한 바 있다. 사물에 대한 이러한 비전은 내가 보기에 고심하여 개발된 것이 아니라, 반대로 아주 자연스러운 것 같다. 물론 그것은 결코 매료시키는 것은 아니다. 마음속으로 나는 그것이 오히려 슬프다고 생각한다. 그러나 나는 항상 그것이 **'선험적으로 그럴 가능성'**이 매우 높다고 생각해 왔다. 고대·중세·르네상스까지 거쳐 오면서, 내가 줄곧 매우 놀란 것은 그것이 사변적 목표로서조차도 철학적 사유에서 보편적으로 부재했다는 점이다. 마침내 한 지식인(가생디는 현재의 콜레주 드 프랑스인 왕립학교에서 가르쳤다)이 그것을 옹호하려고 일어섰다는 소식은 나의 호기심을 부추겼을 뿐 아니라 공감까지 일으켰다고 말할 수 있다.

디뉴에서 나는 개성이 강한 한 인물과 마주했다. 그는 자신이 데카르트와 겨루는 것을 두려워하지 않았던 만큼, 이러한 대결로부터 빠져 나왔을 때 자기 사상의 정확성에 대한 신뢰를 강화시키기까지 했다. 그가 나에게 확인시켜 준 바에 따르면, 그는 윤리적·물리적인 모든 측면에서 에피쿠로스학파를 지지했다.

그러나 그는 이러한 견해를 질 좋은 그리스도교가 있다면 이 그리스도교와 화해시키는 방법을 찾아냈다. 나는 그가 파스칼처럼 데카르트의 '오묘한 물질'을 거부하였다고 말했다. 달리 말하면 그는 빈 공간을 믿었던 것이다. 내가 또한 언급한 것은 그가 물체들을 구성하는 '작은 부분들'이 분할될 수 있다는 점을 받아들이지 않았다는 것이고, 불확실한 것을 허위로 간주하는 방법론적 의심의 방법을 보잘것없는 것으로 평가했다는 점이다. 이 모든 것으로 볼 때 그는 데카르트보다 더 진실하게, 근접한 실재론을 주창한 자들의 선구자, 다시 말해 20세기 과학자 무리들의 선구자인 것이다. 나는 훨씬 후에 슈뢰딩거가 그에 관해 내놓은 적절한 지적을 읽었다. 슈뢰딩거가 우선 주목하고 있는 것은, 데카르트와 마찬가지로 가생디도 1900년경 원자론자들에게 외관상 설득력 있는 일련의 논거들을 제공한 실험적인 자료들을 지니지 못했다는 점이다. 다음으로 그가 고찰한 것은, 증거가 전적으로 없었음에도 불구하고 이 이론이 그토록 오랜 세기들의 시차를 두고 정체성과 설득력을 간직해 왔다는 사실이 놀랍다는 것이다. 그는 이에 대한 설명으로서 두 가지가 가능하다고 본다. 그에 의하면, 옛 사상가들이 운 좋게 정확히 예언했다든가, 아니면 이 사상의 구조가 어느 시대나 알고 있는 단순한 사실들과 인간 정신이 지닌 자연적 성향의 합류에 기초하고 있다는 것이다. 데모크리토스와의 만남을 이야기하면서 설명했듯이, 적어도 내 경우를 말하면 두번째 설명이 좋다고 보여진다. (사유와 관련하여 볼 때, 나는 상당히 인간적 존재라는 점을 환기시키고자 한다!)

그러나 이 설명은 가생디가 종말을 고하게 만든, 원자론의 그 긴 ──1천 년 이상!──쇠퇴를 이해시키지 못한다.

그런데 결국 원자론이 유효하다는 증거들, 보다 수수하게 말해서 징후들이 나타나는 데는 아직도 오랜 시간을 기다려야 했다. 최초의 징후들은 19세기초 돌턴에 의해 제공되었다. 돌턴은 현재 돌터니즘(색맹)이라 불리는 시각 장애를 (자신을 대상으로) 처음으로 연구한 사람이다. 이 물리화학자는 내가 접근하기 쉬운 도시인 맨체스터에 살고 있었다. 물론 나는 그를 만나러 갔다. 그리고 우리는 즉시 원자론의 아버지에 대한 찬양을 함께 표현함으로써 일체감을 느꼈다. 그는 나에게 이렇게 말했다. "보시다시피 나는 이 늙은 그리스인처럼 단순한 물체들이 모두 동일한 원자들로 구성되어 있다고 믿습니다. 그러나 나에게 그것은 단순한 믿음 이상입니다. 사실 나는 이 이론 덕분에 내가 확인한 두 개의 실험적 요소들을 이해할 수 있습니다. 이 두 요소는 매우 다른 두 영역과 관련된 것입니다. 하나는 물리학에 속합니다. 그것은 부분적 압력의 법칙으로서 가스 혼합물을 지배하는 것이지요. 다른 하나는 화학과 관련된 것인데, 나는 언젠가 그것이 현재 만들어지는 이 학문의 기둥들 가운데 하나가 되리라는 확실한 희망을 가지고 있지요. 사람들은 그것을 '배수 비례의 법칙'이라 부릅니다. 화학 반응에서 다양한 구성 분자들은 물론 동일한 비례로 결합하지 않습니다. 그러나 존재하는 물체의 어떤 비율들은 완전한 반응을 일으키며 찌꺼기를 남기지 않는 데 비해, 또 다른 비율들은 그렇지 못합니다. 그리고 전자의 비율들은 불연속적인 결과를 형성합니다. 이러한 한 측면은──이건 분명한 것이지만──실체들이 원자들로 이루어져 있고, 원자들은 언제나 동일한 소그룹들로 서로 연결된다고 가정하면 분명히 설명됩니다."

이러한 논지는 나에게 상당히 설득력이 있는 것 같았다. 그리고 이 세기에서 나 혼자만이 그렇게 생각한 것은 아니었다. 많은 화학자들이 원자를 믿기 시작했던 것이다. 그렇다고 모두가 그런 것은 아니었다. 과연 가설은 과감했다. 모든 것을 고려할 때, 그것은 엄청나게 사변적이기조차 했다. 왜냐하면 어느 누구도 이 원자들을 '볼 수' 없으리라는 것이 분명한 것 같았기 때문이다. 그리고 이런 이유로 해서 그것들은 영원히 가설로 남을 운명에 처해 있었던 것이다. 물리학이 철학적 추정을 토대로 설립될수 있었던가? 유명한 화학자 베르틀로를 필두로 일부 과학자들은 이러한 발상에 격렬하게 반기를 들었다. 이 점에서 그들은 다소간 칸트의 적수들이었던 철학자들의 지지를 받았다. 칸트는 실제로 이렇게 말했다. "지식의 목표는 물질을 그 자체인 있는 그대로 기술하는 것이 아니라 단지 우리의 경험을 설명하는 것이다. 그런데 문제의 분명한 점과 관련하여 배수 비례의 법칙 같은 것들은 이미 완벽하게 우리의 경험을 설명해 주고 있다. 그렇다면 원자들의 실제적 존재에 대한 '형이상학적' 가설이 이러한 법칙들에 무엇을 추가해 주겠는가? 분명 아무것도 덧붙이지 못한다." 나는 이 기간 동안 나의 견해를 만들어 내지 못한 채 물속을 헤매고 돌아다녔다. 나는 사실 푸리에가 말했던 것에 대해 생각했는데, 내가 보기에 그것은 매우 현명한 것이었다. 그러나 다른 한편 나는 원자들을 통한 설명이 그야말로 매력적이라고 생각했다.

볼츠만이 통계역학을 확립하고, 장 페랭과 다른 인물들이 예전에 아보가드로에 의해 규정된 원자의 수(실체 1입방센티미터당 들어 있는 분자수)를 계산해 낸 이후, 원자론은 과학자들의 정신 속에서 대단한 진보를 하게 되었다. 그러나 철학자들은 여전히 저항했다. 나는 이 문제와 관련하여 상당히 뒤늦게 카시러를 만나러 간 일이 생각난다. 그는 원자의 개념이 유용하다는 것을 부정하지 않았다. 아니 그보다는 더 이상 부정하지 않았다. 그러나 그는 이렇게 말했다. "그것은 '매개적 개념'에 불과합니다. 그것은 서로 다른 여러 영역들에 속한 자료 그룹들을 상호 연결시키는 데 편리합니다. 돌턴이 당신에게 이야기한 확인 사항들과 같은 것들 말입니다. 이 개념에서 특히 그 이상을 보아서는 안 됩니다." 나는 그가 나를 순진하다고 생각지 않을까 염려되어 감히 항의하지 못하고 헤어졌다. 그러나 내심 나는 계속해서 이렇게 생각했다. "이러한 조건에서 무엇 때문에 원자들이 존재한다는 가설이 그런 관계를 '설명하고,' 따라서 그것은 개연성이 높다고 솔직하게 말할 수 없단 말인가?"

이 세기(19세기)의 마지막 몇십 년 동안 나는 이와 같이 '대략적으로 양식 있는' 태도를 보면서 다분히 안락함을 느꼈다. 그동안 주목할 만한 발견들——X선 · 전자 · 방사능 등——이 이루어졌고, 그렇게 해서 존재를 드러낸 실체는 매번 아무런 문제 없이 목록화될 수 있었던 것 같았다. 하나의 입자로서 또는 전자기장의 파동, 다시 말해 일정한 주파 역폭(域幅)을 차지하는 전자기장의 진동 등으로서 말이다. 그러나 세기의 전환점에서 사태는 매우 심각하고 복잡해지게 되었고, 철학적 성찰이 빻아야 할 보다 많은 곡물을 제공하는 흐름을 타게 되었다. 나는 플랑크가 발견한 유명한 '상수 h'나 양자에 대해서도, 아인슈타인이 광자의 개념을 도입한 상황에 대해서도 이야기하지 않을 것이다. 이 상황은 사상사에서 너무도 유명한 일화이기 때문에 다시 언급할 필요가 없는 것이다. 다만 내가 상기시키고자 하는 바는 결과적으로 진정 엄청난 개념적 전복이 이루어졌다는 것이다. 왜냐하면 이러한 발전은 모든 이론들 가운데 가장 정교한 이론인 물리학 이론, 즉 전자기장의 이론(따라서 특히 빛의 이론) 내부 자체에 명백한 모순을 도입했기 때문이다. 그런데 이 모순은 방정식의 비법을 통해 감출 수 있는 기술적인 모순이 아니라, 아무도 보기를 거부할 수 없는 대량적인 개념적 모순이다. 끔찍한 진리는 어떤 현상들의 범주 내에서는 빛이 하나의 파동으로 분명히 드러나는 데(빛은 회절되고 간섭을 만들어 낸다) 비해, 또 다른 현상들(전자와의 충돌, 광전자 효과 등)은 우리가 빛에 미립자적 성격을 부여할 때만 적절히 설명된다는 것이었다.

이것이 바로 나로 하여금 발트 해에 자리잡도록 부추겼던 것이다. 해안가의 안개는 그렇게 나타난 수수께끼들과 조화를 이루고 있는 것처럼 보였다. 그리고 나는 이 수수께끼들에 대한 해답이 이곳에서 틀림없이 나타나리라는 것을 의심치 않았다. 조금 기다리기만 하면 충분했기 때문에 나는 공부를 하면서 그렇게 했다. 스펙트럼 분석은 나의 관심을 끌었다. 이 주제는 매우 흥미로웠다. 백열하는 단순한 물체가 발하는 빛은 언제나 프리즘을 통과한 후 줄무늬들이 그어진 스펙트럼을 나타내며, 이 줄무늬들——또는 '선들'——은 그 수가 많고 매우 복잡한 방식으로 스펙트럼 안에 분배되어 있지만, 문제의 분배는 정해진 단순한 물체에는 언제나 동일하고 이 물체의 특징을 나타낸다는 사실이 발견되었다. 사실 그런 식으로 분광학자들은 알려진 모든 단순한 물체들에 대해 매우 정밀한 양적 정보를 엄청나게 수집했다. 나는 그들의 업적을 찬양했지만, 동시에 그들은 나에게 이집트 원정대에 낀 충실한 학자들을 조금 지나치게 상기시켰다. 나는 보나파르트를 동반한 이 '귀중한 동료들'——그들은 그와 마찬가지로 아카데미 프랑세즈의 회원들이었다——이 상형 문자에 대해 아무것도 이해하지 못하면서 그 글자들을 온순하게 들추어 내는 것을 보았다. 사실 이와 같은 환기를 하게 된 것은 상황이 극도로 흡사했기 때문이었다. 나의 가련한 분광학자들은 그처럼 수집한 모든 줄무늬들 앞에서 이집트에 간 학자들처럼 완전히 어쩔 줄을 몰랐다. 그들은 기껏해야 '번호 현상'을 바탕으로 한 어떤 규칙성들을 발견해 냈을 뿐이다. 그러나 그 어떤 것도 해독에는 근접하지 못했다. 그들은 자신들 가운데 샹폴리옹 같은 자가 나오기를 기다렸다.

사실을 말하자면, 샹폴리옹 같은 자가 되겠다고 나선 자들이 없진 않았다. 원자는 원자라는 이름을 전혀 지닐 만하지 않고,

복잡하며 전자들을 포함하고 있다는 사실이 이미 밝혀져 있었다. 원자들을 통한 빛의 방출은 이 전자들의 운동에 기인한 것이라고 이해되어 있었다. 사람들이 생각해 냈던 것은 입자들의 일반적인 운동 법칙이 뉴턴 이래로, 방사의 법칙들이 맥스웰 이래로 알려져 있다는 것이고, 따라서 줄무늬들을 양적으로 설명하는 데는 이 법칙들을 적용하기만 하면 충분하리라는 것이었다. 그리하여 이와 같은 적용 작업이 매우 용감히 시도된 바 있었다……. 그러나 통탄스럽게도 실패하고 말았다. 어떤 식으로 시도가 이루어지든 얻어진 결과는 모두 그야말로 터무니없거나 관찰과는 반대되었던 것이다.

이미 예상했던 바와 같이 빛이 나타나기 시작한 것은 북유럽의 안개로부터였다. 덴마크의 젊은 물리학자 닐스 보어가 새로운 생각들을 품고 있었다. 나는 그가 1912년 이 생각들을 조지프 존 톰슨에게 제시하기 위해 코펜하겐으로부터 케임브리지로 갔을 때 뒤를 좇았다――보다 정확히 말하면 그가 탄 배를 뒤따라갔다. 현장에서 들은 바로 톰슨은 당시 그렇게 열광적인 반응을 보이지 않았다. 맨체스터에 있는 러더퍼드로부터 보어는 보다 나은 환대를 받았고, 이듬해 러더퍼드의 후원을 얻어 그의 핵심적 논문을 발표할 수 있었다. 이 논문은 그후로 '보어 모형'이라 불리어진 것을 포함하고 있었다. 이 모형의 특징은 너무도 잘 알려져 있기 때문에 여기서 그것을 상기시킨다는 것은 건방지다 할 것이다. 내가 단지 주목코자 하는 것은 보어의 생각이 삼중으로 도전적이었다는 점이다. 과연 그는 '금지된' 궤도라는 개념을 도입함으로써 당시에 '합리적'이라 일컬어진 역학의 원리들과 모순을 드러내기 시작했다. 또 허용된 궤도에서 전자는 속도가 가해진다 할지라도 빛을 발하지 않는다는 것을 인정하면서 전자 기장 이론에 새롭고도 심각한 타격을 가했다. 마지막으로 그가 원자론에서 플랑크의 상수를 사용할 때 이 상수에 매우 색다른 역할을 부여했다는 것이다. 반면에 내가 당시에 곧바로 주목한 점은, 개념적 차원에서 보어가 자신의 모형을 구축할 때 푸앵카 레와 아인슈타인보다 훨씬 덜 혁명적인 모습을 보여 주었다는 것이다. 푸앵카레와 아인슈타인이 절대적이고 보편적인 시간 관 념의 유효성을 부정하면서 개념들 자체의 올림푸스를 공격했던 데 반해, 1910년에서 1920년 사이의 보어는 이 개념들을 모두 원 상태로 간직했다. 전자들은 가장 인습적인 의미에서 입자들이었 다. 그것들은 궤도를 달렸다. 달리 말하면 각각의 전자는 매순간 일정한 하나의 위치와 속도 등을 지니고 있었다. 나는 그 이유를 알지 못하지만, 이 시기부터 사상들이 다른 흐름을 타고 있다는 직관 같은 것을 느꼈다. 나는 보어가 소심하다고 판단했기 때문 에 그에 대해서 약간 화가 나 있었다. 그리하여 그가 1914년 6월 에 코펜하겐으로부터 북쪽으로 스코틀랜드를 우회하여 맨체스 터로 가기로 결정했을 때, 나는 다만 그를 골려 주기 위해 큰 폭 풍이 몰아치게 하고 말았다. 나는 이 기도에 성공하였다. 왜냐하 면 그는 9월에야 목적지에 도착할 수 있었기 때문이다.

당시는 전쟁이 발발해 있었다. 잠수함들——이것들은 세이렌 들이 아주 싫어하는 괴물이었다——이 발트 해와 북해에 침투했다. 따라서 코펜하겐의 항구와 이 항구와 인접한 방파제는 다른 곳보다 아늑했으며, 이때부터 나에게 은둔지의 역할을 하기 시작했다. 이곳으로부터 나는 일어나고 있는 일을 쉽게 통제할 수가 있었다. 그리하여 나는 1918년부터 세이렌 옷을 그곳에 놓아두고, 보어가 막 창립한 연구소에 드나드는 습관까지 지니게 되었다. 내가 예전에 비난하던 그의 소심함은 친절함으로 변했다. 그것은 개념적 차원을 떠나 버렸던 것이었다. 그런 가운데 반대로 그의 대담성이 신속하게 대단한 모습을 드러냈다. 그리하여 그의 주변에서, 그리고 그가 내놓은 고찰과 제안의 영향을 받아서 통상적 인식으로부터 결정적으로 빠져 나오는 이론들이 만들어지기 시작했다.

우리가 언급해야 할 것은 당시는 모두가 이러한 조류에 빠져 있었다는 것이다. 1924년에 나는 황급히 프랑스로 떠나야만 했다. 한 어린 왕자 같은 이가 엄청나게 어려운 문제를 제기했던 것이다. 내가 말하려는 바는 그가 당신들 인간들은 물론 나도 아직까지 진정으로 '소화해 내지' 못한 그런 규모의 진실을 드러냈다는 것이다. 나는 센 강을 거슬러 올라가 나의 꼬리를 알마 다리 아래 숨겼다. 그리고 샤토브리앙 거리를 달려가 루이 드 브로글리로부터 싹싹한 접대를 받았다. 그는 가냘픈 목소리로 나에게 대략적으로 문제를 이야기했다. 그는 이렇게 말했다. "보시다시피 우리는 수수께끼──우주의 수수께끼──라는 말을 이해하지 못합니다. 아마 앞으로도 오랫동안 이해하지 못할 것입니다. 그러나 우리는 일치하는 징후들을 가지고 있습니다. 첫번째 징후는 원자 궤도들의 존재입니다. 어떤 것들은 허용되어 있고, 어떤 것들은 금지되어 있습니다. 이것들은 보어가 환기시키고 있습니다. '허용된 궤도들'은 번호가 매겨질 수 있습니다. 하나의 현――예를 들면 바이올린의 현――이 진동하는 가능 양태들도 번호가 매겨질 수 있습니다. (이 경우 우리는 배음(倍音)에 대해 이야기합니다.) 이것이 바로 입자――궤도를 달리는 전자――라는 관념과 진동, 다시 말해 파동의 일반적 관념 사이의 최초 접근입니다. 물론 이 접근은 매우 막연합니다. 두번째 징후는 같은 방향이지만 플랑크-아인슈타인에 의해 제공되고 있습니다. 즉 빛이 이중의 성격을 가지고 있다는 사실입니다. 파동적이면서도 동시에 미립자적이라는 것이죠. 마지막으로 세번째는 내가 보기에 대단한 중요성을 지닌 것입니다. 그것은 빛의 파동을 지배하는 페르마의 원리와, 물체의 운동을 지배하는 최소 행동의 원리 사이에 기막힌 유사성이 확인된다는 것입니다. 이 모든 것은 나에게 많은 것을 생각하게 했습니다. 나는――아직은!――명확한 도식을 가지지 못하고 있습니다. 내가 말하는 점은 하나의 파동인 빛이 미립자적인 속성들을 가지고 있듯이, 입자들로 구성된 물질도 파동적 속성들을 가질 수밖에 없다는 것입니다. 어떤 식으로든 운동중에 있는 모든 미립자에는 하나의 파동이 연결되어 있을 수밖에 없지요. 당연히――그는 계속했다――이 모든 것은 뒤에 숫자들이 존재하지 않는다면, 일관성이 없는 사변에 지나지 않을 것입니다. 그러나 숫자들이 있습니다. 내 이론은 나로 하여금 질량과 속도가 알려진 모든 입자의 파동

길이에 분명한 가치를 부여하게 합니다. 그것이 보여 주는 것은 입자들의 다발들이 파동들처럼 회절될 수밖에 없다는 것입니다. 그리고 그것은 우리가 볼 수밖에 없는 이미지들의 구조와 매개변수들을 계산하게 합니다."

3년 후, 실험은 루이 드 브로글리의 이와 같은 예측을 확인시켜 주었다. 그러나 그 사이 코펜하겐과 다른 곳에서도 연구가 이루어졌다. 물리학이 재구축되었던 것이다――이는 매우 단순한 것이다! 빈에서는 슈뢰딩거가 루이 드 브로글리의 견해를 바탕으로 하여 파동 방정식을 구축했고, 그의 이름을 딴 방정식을 세웠다. 코펜하겐에서는 하이젠베르크가 스펙트럼의 줄무늬들을 기술하기 위해 매트리스 방정식을 확립했다. 케임브리지와 코펜하겐에서 각기 디랙과 슈뢰딩거는 이 두 방정식이 사실 동일한 것, 즉 양자 역학이 탄생했다는 것을 나타내는 두 방식에 지나지 않는다는 것을 신속하게 보여 주었다.

양자역학이 탄생되었고, 곧바로 그것은 엄청난 풍요로움을 가지고 있음이 명백히 드러났다. 그것이 지금 확실히 연구하도록 해주는 것은 단지 원자만이 아니다. 분자, 따라서 화학, 전자역학, 고체의 구조 등, 요컨대 오늘과 내일의 모든 첨단 영역이다. 그러나 그것의 개화는 개념적인 동요를 초래하였고, 이 동요에 비하면 상대성에 기인한 동요조차 초라한 것이 되고 있다. 하지만 내가 특기해야 할 것은 그것이 아직 끝나지 않았다는 것이다. 보어와 그의 연구소가 이와 같은 전복의 진원지였다는 것은 부인할 수 없다……. 게다가――분명히 말해야 할 것이지만!――

보어 모형이 이 전복의 첫 희생자였던 것이다. 사실 오늘날 하이젠베르크의 불확정 관계는, 다만 사유에 의한 것이라 할지라도 하나의 입자에 위치와 속도(보다 적절히 말한다면 '추진력,' 즉 '질량에 의한 속도' 라는 산물)를 동시에 부여하는 것을 금지시키고 있다. 따라서 그것은 때때로 메타포로 접근되는 경우를 제외하고는 '궤도' 에 대해 이야기하는 것을 금지시키고 있다. 최근에 참석한 콤므의 국제회의에서 보어는 나에게 푸앵카레의 약속설을 많이 상기시키면서 더 급진적인 과학의 견해를 발표했다. 결국 그의 주장에 따르면 물리학은 모든 것의 기술이 아니라 물 자체로서 하나의 가정적 실재를 기술하는 것이지만, 단순히――물리학의 영역에서――집단적이고 소통 가능한 **인간적 경험**을 기술하는 것이다. 실재론의 이름으로 아인슈타인은 반박 논리를 표명했다. 그러나 논쟁에서 승리한 것은 분명 보어이다.

여러분들은 분명 나에게는 이런 결과가 본질적이라고 생각할 것이다. 이 결과는 나의 오랜 탐구에 답하고 있다. 회고해 보면, 갈릴레오는 나로 하여금 한때 '기계론' 을 믿게 하였다. 데카르트가 밀랍 덩어리가 실체를 보존하는 현상을 이성의 증명으로 삼을 수 있다고 믿었을 때, 나에게 깊은 인상을 주었다. 지금 내가 깨닫는 것은 둘 가운데 어느 누구도 진리의 열쇠를 간직하고 있지 않았다는 것이고, 진리는 결단코 이들 강력한 정신들이 믿었던 것보다 더 오묘하다는 사실이다. 근접한 실재론은 허구이며, 철학적 의미에서 갈릴레오의 기계론도 마찬가지이다. 원자는 존재가 아니다. 그리하여 나는 원자를 현상들로부터 멀어지게 하여 많은 문을 열어 놓는 현실계에 대한 총괄적인 견해가 그려지는 것을 보기까지 한다. 이 모든 것에 대해 나를 설득시킨 것은 철학자들이 아니다. 그것은 과학적 사실들 자체이다. 나는 플라톤 · 스피노자 · 칸트 · 루소 · 보들레르까지 다시 읽을 것이다. 내가 방금 환기한 새로운 기지 사항들은 나로 하여금 그들을 좀더 잘 이해하도록 해줄 것이라고 믿는다.

　이렇게 해서 나의 설명을 마쳤다. 이제 나는 세이렌이 헤엄치는 동굴, 나를 기다리는 그 동굴로 가리라.

발 문

제라르 드 네르발을 사랑하는 이들은 운디네가 진실을 약간 왜곡시킨 점을 용서해 주리라. 이 왜곡은 의심할 여지없이 이 시인에 대한 그녀의 애정에서 비롯된 것이다. 사실 그녀가 자신의 거처를 정한 곳은 네르발적인 동굴이 아니라——요컨대 이 동굴의 존재는 문제적이다——그녀의 이야기 속에서 언급된 코펜하겐에 있는 제방이다. 여러분 모두는 그녀를 보러 가면서 그곳을 확인할 수 있다. 그녀는 사람을 좋아하기 때문에 여러분이 조금만 침묵을 지켜도 당신에게 이야기를 해줄 것이다. 이것은 확실하다.

그건 그렇고 그녀가 은둔하고 있는 것 같은 태도는 외관상에 불과하다. 운디네는 자신의 마음을 움직이게 했던 문제들이 여전히 열려져 있음을 잘 알고 있다. 따라서 그녀는 보어를 만나곤 했던 시절처럼, 자신의 세이렌 옷을 자주 현장에 놓아둔 채 방문과 해답의 탐구를 계속했다. 그러나 이 새로운 탐구는 이전의 탐구와는 다르다. 사실 무엇보다도 투명성을 좋아하는 독자에게 그녀의 서술은 평범한 정도밖에 마음에 안 들 수 있는 위험이 있다. 과연 어느 누구라도 단순하고 명쾌한 어떤 문제들은 다만 상당히 추상적인 대답만을 가져올 수 있음을 안다. 그런데 운디네가 연구한 내용에서 이것이 바로 현재 일어나고 있는 일인 것이다. 따라서 이러한 유형의 답변들을 불쾌하게 생각지 않는 인물들의 존재를 우리가 환기하지 않았다면, 다음에서 나타나는 정보들을 단순히 생략해 버리고 싶었을 것이다. 이 조그만 발문이 목표로 하고 있는 것은 바로 이 정보들, 오로지 이 정보들이다.

이 정보들을 사용하는 데 있어서 우선 분명히 하고 싶은 것은, 현재 비등하고 있는 다양한 사상들이 운디네로 하여금 방문을 증가시키도록 했다는 점이다. 우리 모두가 그렇듯이 그녀가 확인하고 있는 것은 견해들이 서로 충돌하고 있으며, 타당한 추리에 의거하고 있는 견해들도 여럿이라는 점이다. 그만큼 그녀는 다양하고 폭넓은 견해들을 대변하는 물리학자들과 철학자들에게 질문을 한다. 그녀는 내가 강가에 살고 있으므로 나를 그녀의 리스트에 친절하게 넣어 주었다. 물론 내가 이야기할 수 있는 것은 다만 그녀와의 대담뿐인 것이다. 이런 이유로 여기서 제시되는 것은 나의 비전뿐이다. 그리하여 여기에 나타난 지식도 나의 지식인 것이다.

우리가 나눈 대담의 주제들과 관련하여, 운디네가 만나러 갈 사람들에게 질문하는 것은 그녀가 2천 년 동안 축적한 철학적 성격의 문제들에 대한 그들의 개인적이고 논증된 의견이다. 우리가 확인한 바와 같이, 이 문제들은 거의 모두가 가능한 새로운 입장들을 지닌 과학적 혹은 개념적 진보를 만났을 때 그녀에게 떠오른 것이었다. 우리가 보았듯이, 운디네는 천부적인 현명함을 발휘해 그렇게 열려진 전망들이 앞으로 이루어질 발전에 의해 확인될 것인지 아닌지를 매번 자문했다. 그리고 사실 이것이 그녀가 현재 이 문제들과 관련하여 엄밀히 정황을 판단코자 하는 것이다. 그녀가 방문했을 때, 우리는 파동이 지나가는 것을 바라보면서 이 문제들을 체계적으로 검토했다.

운디네가 우선적으로 화제에 올린 문제들은 원자 그리고 보다 일반적으로 '기계론'과 관련된 것이었다. 요컨대 그것들은 데모크리토스와 데카르트의 주장들과 연관된 것이었다. 그녀는 보어의 입장이 확인시켜 준 푸앵카레의 큰 가르침을 기억하고 있었다. 그러나 그녀가 확인한 것은 순진하게 '관념을 물체화하는' 미립자적인 세계관이, 과학자들을 포함해서 많은 이들의 정신 속에서 계속 유행하고 있다는 것이었다. 아인슈타인이 코펜하겐 쪽에서 전개한 견해들에 대해 가한 비판을 기록해 둔 그녀는 문제의 현 상태를 알고자 했다. 나는 그녀에게 그와 같은 미립자적인 기술(記述)이 많은 경우에 있어서 가장 유용한 모형들 가운데 하나라는 것은 분명하다고 대답했다. (나는 무엇보다도 '고전적 카오스'의 예를 선택했다.) 그러나 내가 강조한 바는 미립자라는 관념 자체를, 아니면 보다 일반적으로 '사물'의 관념을 최초의 개념과 절대적인 것으로 삼는 일이 현재 배제되어 있다는 것이었다. 나는 그녀에게——60년대에 발견된——정리(定理)들을 알려 주었다. 이 정리들은 본질적으로 '다수주의적인' 모든 존재론적 목표, 다시 말해 근본적인 어떤 '총괄성'을 인정하지 않는 그런 존재론적 목표와 확실한 사실들이 양립 불가능하다는 것을 설정하고 있다.* 이 총괄성은 아인슈타인이——이건 분명히 말해 두어야 한다——언제나 받아들이기 싫어한 것으로(그러나 그것을 입증하는 정리들은 그의 사후에 나왔다), 흔히 '비위치성'이나 '비분리성'이란 표현으로 지칭되고 있다. 그것은 나에게 약간 플로티노스적인 것을 생각하게 만든다. 물론 이 플로티노스적인 것은 재음미되고 현대화되고 수정된 것이다. 당연히 나는 상응하는 참조 자료들을 그것에 부여했고, 이 자료들이 본서의 마지막 부분인 이곳에서 나타나는 것이다.

운디네는 나에게 이렇게 말했다. "이 정보는 비록 부정적인 방식이지만, 내가 데모크리토스·가생디·돌턴과 대담한 후 나 자신에게 제기했던 문제, 즉 '실재는 본래 미립자적인가?'라는 문제에 대답해 주고 있습니다. 이 문제는 '원자론은 실재의 근본적 성격을 우리에게 드러내 줄 것인가?'라고 다르게 표현될 수 있습니다. 현대물리학이 비분리성을 완전한 철학적 원자론을 반박하는 근거로 삼고 있다는 것은 부인할 수 없습니다. 그리고 이러

* 우선적으로 '벨의 정리'가 있다. 그것의 엄청난 개념적 중요성은 그것이 지닌 매우 방대한 일반성에 기인하는 것인데, 아직 과학계에서 전적으로는 인지되지 못하고 있다. 그것이 진술하는 것은 이론적인 모든 방정식과는 독립적으로, '실재'의 가설과 '사유를 통한 분리성'의 가설이 그것들 자체만으로 경험이 반박하는 부등식들을 함축함으로써 문제의 가설들은 둘 다 동시에 유효할 수 없다는 것이다.

한 전환은 나에게 매우 흥미있는 것처럼 보입니다. 왜냐하면 이 문제와 관련하여 아직도 많은 허위적 견해들이 유포되어 있기 때문입니다. 당신이 나에게 주는 정보는, 내가 데카르트를 읽었던 시대에 제기했던 보다 일반적인 질문에도 답을 줍니다. 당신에게 이야기했지만 그 당시 내가 전개한 조그만 논리적 추리를 고려할 때, 당신이 여기서 설명하는 것은 그때 내가 명명한 '근접한 실재론'을 과연 부정할 수 없을 만큼 반박하고 있습니다. 나아가 당신을 조금 놀라게 할지 모르지만, 나는 당신이 말하는 것으로부터 추가적인 결론을 끌어내고자 합니다. 당신은 내가 스피노자에게 공감한다는 것을 알고 있습니다. 내가 말하는 것은 진짜 스피노자, 즉 내가 알고 있는 '전체로서의 스피노자'이며, '개론서들에 나타난 스피노자'로 축소되지 않는 스피노자입니다. 그러나 당신도 아시다시피, 그의 추리가 지닌 본질적 고리 하나가 나에게는 허약해 보였습니다. 그는 절대적 실체의 단일성, 즉 후에 전개된 유물론들과 그의 이론을 (근본적으로!) 구분지어 주는 것의 단일성을 나에게 엄정히 입증하는 데 실패했습니다. 나는 이 단일성을 **받아들여야만** 했습니다. 그런데 '존재하는 것'의 개념에 대해 초점을 맞춘다는 범주(스피노자는 이 범주에 위치한다)에서 볼 때, 당신이 총괄성에 대해 지금 말하는 것은 이 결함을 메워 주는 것으로 생각됩니다."

운디네는 하나의 부대적인 질문을 앞의 질문들과 연결시켰다. 그것은 자연 속에서 수학의 위치와 관련된 질문이었다. 이와 관련하여 그녀가 참조적으로 내세운 것들은 피타고라스 · 플라톤·데카르트·아인슈타인의 이름이 붙었다. 그녀는 예전처럼 갈릴레오의 유명한 금언, "자연이란 책은 수학적 언어로 씌어 있다"의 의미에 대해 계속 의문을 제기했다. 그것을 데카르트식으로 이해해야 할 것인가, 아니면 피타고라스–플라톤식으로 이해해야 할 것인가? 우리는 수학을 그것과 관련하여 개념적으로 최초인 것들 사이에 존재하는 연관성에 대한 정확한 기술(記述)로 간주해야 하는가? 아니면 수학 속에서 이 최초인 것들의 본질 자체를 응시해야 하는 것일까? 이와 관련하여 수학을 보다 잘 해명하기 위해 나는 요즈음 일어나고 있는 실험을 그녀에게 묘사해 주었다. 이 실험은 다른 입자들의 유일한 운동을 희생시켜 입자들을 만들어 내는 것이다. 그러기 위해 이 입자들을 서로 충돌하게 만들지만 그것들은 전혀 깨지지 않는다. 관념을 물체화하는 언어로 그러한 사건은 생각될 수 없다. 사물의 속성이 사물로 변모될 수 없기 때문이다. 그런데 그러한 현상이 분명 일어나고 있는 것이다. 그뿐 아니라 수학적 이론이 그것을 예견까지 했던 것이다! 나는 그녀에게 말했다. 내가 이러한 측면으로부터 끌어내는 것은 두 주장들 사이에 현재의 물리학은 두번째 주장, 즉 피타고라스–플라톤의 주장으로 분명히 기울어지고 있다는 것이다.

운디네는 일반 상대성 이론을 공부했기 때문에 수학을 통해 얻은 이와 같은 **개념적** 중요성에 전혀 놀라지 않았다. 그러나 그녀가 나에게 주목시킨 점은 이런 식으로 해서 옛날의 질문들이 다시 나타나고 있다는 것이었다. 특히 빈 공간의 문제가 그러하다. 시공(時空)이 하나의 구조를 가지고 있다면, 그리고 이와 같은 일반 상대성이 바라듯이 문제의 구조가 물질에 달려 있다면, 이때 공간은 '물질적 사물들이' 뛰노는 경기장이 아니다. 현재 많은 사람들이 말하고 있듯이, 공간-물질-시간은 하나의 통일 성을 형성한다. 운디네는 이와 관련하여 그녀가 데모크리토스를 방문한 것과 당시 그녀를 엄습한 당황스러움을 이야기했다. 이 문제에 관해 나는 그녀를 안심시키기 위해, 장(場)들의 양자론에 따르면——그리고 그녀도 이를 간파했었다!—— '빈 공간'이라 는 것은 기만적인 말이라는 사실을 알려 줌으로써 최선을 다했 다. 마찬가지로 우리가 일상적으로 사용하는 언어 가운데 많은 다른 용어들도 기만적이라는 것을 분명히 언급해야 한다.

그녀는 나에게 물었다. "**물질**이란 단어도 그렇지요? 나는 당 신 과학자들 가운데 상당수가 계속해서 이 단어를 매우 존중하 고 있다는 사실에 주목합니다." 이 말이 떨어지자 나는 내가 다 소 함정에 걸려든 것을 알아차렸다. 나는 그들의 업적과 관련하 여 의미 없는 것이라 할지라도 비판을 좋아하지 않는다. 그들은 나의 동료들이고, 나는 그들의 합리성, 실험 사실의 존중, 그리고 노고를 찬양한다. 그러나 내가 생각하기에 '물질'이란 단어는 결국 공허하다고 대답할 수밖에 없었다. 물론 그것은 단단한 물 체의, 이를테면 항구성과 위치 결정 또는 불가입성(不可入性)을 단순하고 쉽게 설명할 수 있다는 환상을 제공한다. 그러나 나는 운디네에게 환상이라는 말을 강조해 주목하게 만들었다. 그러한 설명들은 '잠이 오게 하는 효력'을 지닌 유형이다. 진정한 설명 들은 양자물리학이 양적으로, 그리고 자세히 제공하고 있다. 그런데 그것들은 '물질'의 개념이라 할 특수한 개념을 어느곳에서도 사용하지 않는다. 물질이란 낱말은 나타나지도 않는다.

그녀는 이렇게 연결시켰다. "그렇다면 실체란 용어는 어떻습니까? 나는 밀랍 덩어리에 대한 데카르트의 예를 생각합니다. 데카르트는 실체의 영속성이 이성에 의해 입증된다는 것을 증명하는 데 성공한 것입니까, 아닙니까?" 나는 성공하지 못했다고 말해야 한다고 단순하게 대답했다. 이성이 설명이나 예측을 위해 가지고 있는 도구 세트는 데카르트가 살았던 세기에 사람들이 추측할 수 있었던 것보다 훨씬 더 방대하다는 사실이 드러났다. 데카르트가 부여하는 의미에서 실체의 개념은 사실 이 도구들 속에 더 이상 나타나지도 않는다.

아마 여러분들도 알아차렸겠지만, 운디네는 공리주의자가 아니다. 그러나 양심의 거리낌이 없도록 그녀는 나에게 이런 질문을 했다. 우리가 이야기했던 다양한 진보들은, 인간들이 사물들과 유지하는 관계에서 실질적인 변화를 가져올 것이라고 생각하느냐는 것이다. 예를 들어 총괄성은 사물들의 운반과 정보의 보급에 있어서 새로운 모형들을 제공할 것인지 의문이 든다는 것이었다.

나는 그렇지 않다고 말했고, 보다 일반적으로 총괄성이란 단어의 사용에 대해 나 자신이 놀랍게 생각하는 한 가지를 분명히 밝혔다. 이 점은 객관주의자의 언어와 관련이 있다. 즉 **대체적으로 말해서** 우리 인간들이 3차원 공간 속에 위치한 사물들의 관념이란 수단을 통해 우리 존재를 관리할 수 있다는 점에서 관련이 있는 것이다. 이 물체들은 매순간 이 공간 속에 위치되어 인과율 등의 법칙에 따라 그 속에서 상호 작용하며, 어떤 영속성을 지니는 것이다. 이 언어와 관련하여 양자역학은 두 가지를 보여준다. 이 둘은 논리적으로 전혀 모순되지 않지만 그것들의 대비는 놀라움을 준다. 한편으로 양자역학이 최근에 입증하기에 이른 것은 이 언어가 일상 생활과 관련하여 가정에서, 들판에서, 공장에서, 또는 수송 기관에서 효율적이지 **않으면 안 된다는** 것인데, 이는 완전히 일치하고 있다. 그러나 다른 한편으로 양자역학은 이 언어가 적용될 수 있는 영역이 제한될 수밖에 없다는 점을 매우 분명히 제시하고 있다. 내가 반복하여 말한 것은, 그것이 다음과 같은 점을 입증하고 있다는 것이다. 즉 데카르트가 귀중히 생각하는 '분명하고 뚜렷한 관념들'(형태·위치·운동)이 그가 원했던 바처럼, 사물들의 궁극적 기술(記述)을 위해 이성에 불가피한 것으로 나타나기는커녕 결국은 도구들에 불과하다는 것이다. 그리고 이 도구들은 우리 인간들의 잣대로 현상들을 합리화하고 예측할 때는 효율적이지만, 원자의 세계와 원자보다 세분된 세계에 대한 우리의 실험에는 전적으로 적합치 않다는 것이다.

내가 끝으로 강조한 바는, 이 영역에서 유효한 것이 다른 개념들이라는 것을 물리학이 드러내 주고 있다는 점이다. 그러나 이 개념들은 **우리 실험에 입각하여** 다소간 명료하게 규정된 개념들이다. 그리하여 양자의 법칙이 보편적이라면, 내가 믿고 있는 바이지만 일상적 삶의 언어에서 쓰이는 말들뿐 아니라 일반적으로 객관주의자의 언어에서 쓰이는 말들은 더 이상 '존재론적' 해석을 받아들일 수 없는 것이다. 그것들이 '존재하는 것'에 순전히 준거하는 것으로 더 이상 생각될 수 없다는 것이다.

운디네가 개입했다. "나도 그 점을 조금 알고 있었습니다. 어찌되었든 수천 년이 흐르는 동안 진지한 사람들이 생각해 왔던 것과 관련하여 볼 때, 그것이 거의 전적인 전복이라는 점은 확실합니다. 나는 이 점을 여러 번 확인했습니다. 프레넬·앙페르·맥스웰·로렌츠의 업적이 분명하다고 간주한 것은, 그들이 관계하고 있는 실재가 완전히 그들 외부에 있으면서 그들과 독립적이란 것이고, 그들의 임무는 이 실재를 '그 자체' 있는 그대로 안다는 것이었습니다. 달리 말하면, 그들의 역할은 '외관의 장막'을 언제나 보다 잘 제거하는 것이었습니다. 그들의 동료들 가운데 어떤 이들은 사실 사변철학의 차원에서 보면 이러한 견해가 뉘앙스를 띨 수 있다는 점을 인정했습니다. 그리고 과학은 칸트가 부여하는 의미에서 현상들만을 기술한다는 것이 고려될 수 있다는 점도 말입니다. 그러나 그들은 이러한 측면이 진정한 지식과는 관계가 없는, 순전히 견해의 선택 문제라고 말했습니다. 왜냐하면 어찌되었든 '모든 것은 마치' 사물들·장(場)들 등이 실재 자체의 요소들인 것처럼 '진행되고 있기' 때문입니다. 당신이 방금 상기시킨 바에 비추어 보면, 이런 식의 고찰 방법들은 포기되어야 합니다. 첫번째 방법(실재 자체를 안다는 것)이 포기되어야 한다는 것은 분명합니다. 하지만 두번째(현상만을 기술한다는 것)도 그렇습니다. 이러한 이유로 오귀스탱 프레넬이나 장

페랭 같은 물리학자들이 제기했던 사물들의 본성과 관련된 문제들은 전적으로 그 모습이 변모됩니다. 아니면 소멸하는 것이죠."

나는 이렇게 답변했다. "사실상 그렇습니다. 양자물리학은 우리를 아주 멀리 끌고 가며, 심지어 고전적 비전과 반대쪽으로 끌고 가고 있습니다. 이 비전에 따르면 사물들은——작든 크든——우리가 그것들에게서 보고 있는(아니면 우리의 척도에 따라 그것들에 부여하는) 형태들과 위치들을 가지고 있으며, 우리의 능력이나 우주의 차원들, 또는 간단히 말해 그 어떤 것과도 독립적으로 **자체의 힘에 의해** 이 형태들과 위치들을 가지고 있다는 것이죠. 하나의 이미지가 필요하다면, 나는 차라리 양자론을 통해 본 사물을 무지개와 비교할 것입니다. 내가 자동차를 타고 가면 나는 무지개가 이동하는 것을 봅니다. 내가 멈추면 무지개도 멈춥니다. 내가 다시 출발하면 그것도 다시 출발합니다. 따라서 그것의 속성은 부분적으로 나에게 달려 있습니다. 물론 내가 움직이지 않는다 할지라도 이 속성은 잠재적으로 계속해서 나에게 달려 있습니다. 양자물리학에 비춰 보면, 이것이 우리와 대면하고 있는 모든 사물들의 위상입니다. 여기서 우리라는 말은 지각이 있는 존재들로 구성된 우리의 집단 공동체를 말합니다."

그러자 운디네는 이렇게 말했다. "좋습니다. 가능한 것이죠. 그러나 결국 무지개 이론은 존재합니다. 내가 당신에게 상기시키는 것은, 본질적인 측면에서 당신이 이 이론을 데카르트로부터 얻어 오고 있다는 점입니다. 이 이론이 우리에게 가르치는 것은, 무지개 현상이 작은 빗방울들 속에서 태양빛이 굴절하고 반사한 결과라는 것입니다. 그런데 문제의 이론은 태양빛도 빗방울들도 전혀 우리에게 종속되어 있지 않은 것으로 생각합니다. 여기서 우리는 이와 비슷한 무언가를 생각할 수 없는 것일까요? 당신이 나에게 이해시킨 바에 따르면, 양자의 법칙은 보편적 중요성을 지닌 유일한 법칙으로 추측될 수 있습니다. 따라서 그것은 무지개 이론을 설립하는 법칙보다 더 근본적입니다. 어쨌든 이러한 조건에서 우리가 자문해야 할 것은, 열심히 탐구하다 보면 일종의 일반화된 객관주의자의 언어로 양자의 법칙에 대한 해석이 이루어질 수 있느냐입니다. 그러나 이 해석은 우리에게 친근한 기술적(記述的) 범주들로부터 벗어남으로써——왜냐하면 그렇게 해야 하기 때문이다——이 법칙에 의해 이용되는 체계들과 큰 개념들에 물리적인 실제적 존재를 부여하는 것입니다. 데카르트의 이론이 빗방울·빛 등에 하나의 물리적 존재를 부여하듯이 말입니다."

나의 대답은 이러했다. 이 연구 분야에서——현재 이 분야는 매우 변화하고 있다——결정적인 판단은 타당하지 않을 것이다. 실제 그와 같은 해석들과 관련한 발상들이 자주 제시되었지만, 모두가 심각한 어려움에 부딪쳤다. 나는 그녀에게 이 어려움은 시간이 없기 때문에 여기서 살펴볼 수 없다고 말했다. (게다가 그렇게 하려면 칠판이 하나 필요하게 된다!) 내가 볼 때 그것은 그러한 모형들을 다소 불신하게 만든다. 왜냐하면 그것은 양자의 법칙이 제시하는 탁월한 투명성과 대립되기 때문이다. 이 투명성은 사람들이 양자의 법칙에 그런 식으로 '옷을 입히지' 않으려고 하는 만큼 오랫동안 제시되는 것이다. 내가 그녀에게 주목케 한 것은, 이 법칙이 객관주의자의 언어로 표현되지 않는다 할지라도 그것은 여전히 객관적이라는 것이다. 그것이 어느 누구에게나 유효한 보편적 예측의 규칙이라는 점에서 말이다. 나는 이 객관성을 '허약한 객관성'이라 부른다. 이것이 보어가 인정한 유일한 객관성이다. 비록 그 자신이 반대를 믿게 만들 수 있는 '상보성'의 개념을 도입하긴 했지만 말이다. 나도 인정하지만 문제의 개념은 묘사적 담론을 가능케 한다. 그러나 이러한 측면은 내가 보기에 상상할 수 있는 가장 높은 대가, 즉 사물에서 모순을 받아들인다는 대가를 치러야 가능한 것이다.

이어서 운디네는 보다 분명하게 철학적인 색채를 띤 문제들에 다가갔다. 그녀는 나에게 이렇게 말했다. "아리스토텔레스와 플라톤 사이에서 현재의 물리학은 당신을 분명히 플라톤 쪽으로 기울게 하고 있다고 생각됩니다." 나는 수긍했다. 그것은 당연한 것이다. 그러나 나는 아리스토텔레스의 궁극 '원인'이 꽤 마음에 든다는 점을 지적했다. 뿐만 아니라 토마스 아퀴나스의 신은 물론이고, 나아가 그녀가 좋아하는 스피노자의 신도 마음에 든다고 말했다. 이 두 신이 내가 의미 있다고 생각하는 아리스토텔레스의 그 끌어당기는 궁극 '원인'을 상기시킨다──한 신은 약간, 다른 한 신은 많이──는 정도 내에서 말이다. 플라톤에 대한 나의 애정에 관해서 내가 그녀에게 주목토록 한 것은 플라톤으로부터 영감을 얻는 여러 방법이 있는데, 현대의 수학과 물리학은 이 방법들을 모두 동등하게 간주하는 것을 금지했다는 것이다. 나는 그녀에게 이렇게 말했다. "나는 물 자체로서의 삼각형을, 물 자체로서의 입방체 등을 거의 믿지 않습니다. 보다 일반적으로 말해서 나는 이데아의 다양성이란 주장을 받아들일 수 없습니다. 내가 총괄성과 관련하여 당신에게 말한 바가 나로 하여금 고려하도록 만든 것은, 오늘날 궁극의 실재에 대해 받아들일 수 있는 유일한 견해가 이 실재에서 근본적 통일성을 보는 견해라는 것입니다——아주 좋습니다." 그녀는 나에게 대답했다. "그러나 이러한 조건에서 내가 알고 싶은 것은 당신도 알다시피 내가 2천 년 전부터 제기해 온 문제, 즉 플라톤의 그림자가 지닌 성격의 문제와 관련된 당신의 관점입니다. 우리가 동굴의 신화를 문자 그대로 받아들인다면, 그림자의 존재는 이 그림자를 바라보는 죄수들의 존재와는 완전히 독립적입니다. 내가 생각하기에는 이 점이 철학적으로 난처합니다." 나도 또한 긍정했지만 이렇게 덧붙였다. "그렇다면 하나의 문제가 제기됩니다. 즉 플라톤의 방향(적절하게 수정되고 현대화된 방향이라는 것은 당연하다)과 프로타고라스가 제안하는 것 같은 방향 사이의 선택의 문제 말입니다. 사실 놀라운 점은 물리학의 가장 최근 자료들이 우리를 고대의 이 두 사상가들의 싸움으로 돌아가게 한다는 것입니다. 결국은 그런 식이 되고 말지요."

이 말이 떨어지자 운디네는 좀더 잘 설명해 달라고 졸랐다. 그리하여 나는 아름다운 담론 하나를 전적으로 펼치기 시작했다. 나는——《테아이테토스》의 예를 들자면——미지근하거나 차가운 것 같은 바람에 대한 플라톤의 생각과, 이와 관련하여(우리가 적어도 플라톤의 말을 믿는다면 말이다) 프로타고라스가 표현한 견해 사이의 차이를 강조했다. 플라톤에 따르면 무대에는 오직 인간과 인간의 느낌만이 있는 것은 아니다. 바람 또한 있다. 물론 여기서 바람은 그 자체가 하나의 실재로서 존재하는 것이 아니다. 다른 많은 '사실' '물체' 등처럼 그것은 이데아의 '그림자'에 지나지 않는다. 달리 말하면 최고의 절대적 실재나 사람들이 때때로 말하듯이 절대적 본질의 그림자에 지나지 않는다. 그러나 이 이데아는 **존재하는** 것이고, 그것의 존재——보다 정확히 말하면 선이란 최고 이데아의 존재——는 이 철학자의 모든 체계에서 초석 자체를 구성한다. 프로타고라스——플라톤이 말하는 프로타고라스로서 우리가 약간이라도 알고 있다는 느낌이 드는 유일한 프로타고라스——가 볼 때는 그러한 것을 전혀 간파해 낼 수 없다. 사실 '인간이 만물의 척도'라는 그의 유명한 표현은 애매하다. 이 표현이 단순히 의미하는 것이 '절대적으로 **존재하는** 것은 인식될 수 없다'라고 이해하는 일이 불가능하지는 않을 것이다. 이와 같이 이해를 하면, 그것은 단지 플라톤 철학에 대한 이질적 해석에 불과한 것이 된다. 그러나 사람들은 이 표현에 일반적으로 훨씬 더 급진적인 의미를 부여한다. 이 의미는 오직 인간의 경험만이 의미를 지니고 있으며, 따라서 이 경험의 외부에 있는 어떤 실재에 대한 개념은 사물이 되었든 이데아가 되었든 그저 단순히 아무 의미가 없다고 간주하는 것이다. 어쨌든 관념론에 대해서 오늘날 유행하고 있는 해석들을 특징짓는 것은, 우리 경험에 비해 개념적으로 우선하는 것은 어떤 것이든 모든 참조를 고려하지 않겠다는 그 거부이다. 그런데 다양한 이름을 지닌 이 해석들은 20세기 후반에 피어난 철학적 독트린들의 거의 전부를 구성한다.

이때 운디네가 나에게 물었다. "이러한 측면이 의미하는 것은 당신이 말하는 독트린들이 근본적으로 '정신주의'를 바탕으로 하고 있다는 것입니까? 예전에 버클리의 많은 아류들처럼, 그리고 어떤 의미에서는 헤겔처럼 이 독트린들을 변호하는 자들이 주장하는 것은 유일한 실재가 인간 정신이라는 것일까요?"

—— 그렇기도 하고 그렇지 않기도 합니다. 나는 대답했다. "흔히 그들은 '사물의 표상' '객관성의 구축' 등에 대해 이야기하기를 좋아합니다. 그러면서 그들은 '표상될 수 있거나' '구축될 수 있는' 정신이나 어떤 존재의 관념에 대한 모든 준거를 은폐합니다. 나는 그들의 텍스트들을 읽었습니다. 그리고 그들의 견해에 대해 오랫동안 숙고하면서 그것을 나의 것으로 만들려고 노력했습니다. 그러나 나는 그렇게 할 수 없었습니다. 결국 나는 그것이 이용하고 있는 지적 과정을 확인했다고 생각합니다. 이 과정은 **실체의 형성**이란 오래 된 이름을 지니고 있습니다. 《라랑드 사전》에 따르면, 실체화한다는 것은 논리적 관계 전체를 하나의 실체로 변모시킨다는 것을 의미하거나, 상대적인 것에 절대적 실재성을 부여한다는 것을 의미합니다. 문제의 주창자들이 '표상' '구축' 그리고 '구축'이란 의미에서의 '형성' 같은 용어들에 부여하는 절대적으로 최초이고 근본적인 의미로 볼 때, 나는 이 용어들이 사실 무조건적 실체들을 지칭하는 것에 지나지 않나 염

려됩니다. 또한 결국 내가 자문하는 것은 이 사상가들이 정신주의에 도달하고 있다고 믿는 만큼, 이 정신주의로부터 벗어나고 있지 않나 하는 것입니다. 어려운 문제라는 점을 인정합니다만, 나로서는 우리가 이야기하고 있는 독트린들을 정신주의적——이 정신주의적 면이 명료하게 나타나든 암암리에 나타나든——주장들로 간주할 때만 이것들을 진정으로 이해하게 됩니다. 이 주장들이 모든 것을 지닌 핵심으로 삼는 것은 활동하고 지각하는 개인적 주체로서의 인간——우리는 여기서 '개론서들에 나오는 프로타고라스'와 가까워진다——이거나, **비인격적인** 초월적 '자아'입니다. 그러나 이러한 접근의 신봉자들은 대개 이 비인격적인 초월적 자아를 모른 체하고 덮어둡니다. 그 이유는 이 자아에 대해 이야기를 하게 되면, 그들이 불신하는 플라톤 같은 자와 자신들이 접근되기 때문일 것입니다."

—— 그렇다고 합시다. 운디네는 말했다. "그런데 이러한 조건 속에서 물리학은 어떤 역할을 합니까? 그것이 아직도 철학에서 어떤 역할을 지니고 있습니까? 나는 오로지 철학자들만을 신뢰해야 한다는 것이 정말 유감스럽습니다. 왜냐하면 키케로가 어느 날 나에게 말한 것이 생각나기 때문입니다. 게다가 그는 이것을 《운명론》에 실었습니다. 그는 "**우리는 그처럼 터무니없는 것은 어떤 것도 말할 수 없습니다. 어떤 철학자도 그렇게 말하지 않았어요**"라고 말했지요.

—— 안심하십시오. 나는 그녀에게 대답했다. "물리학은 기여할 것이 많습니다. 그 이유는 바로 키케로의 확인이 기껏해야 재

담이기 때문입니다. 우리는 철학자들에게서 모든 사상들을 만나고, 이 사상들과 반대되는 것들도 만납니다. 그런데 물리학은 정확히 우리로 하여금 어느 정도까지 선별을 하게 해주는 것입니다. 다만 조심해야 할 점은, 물리학이 실제로 말하지 않은 것은 말하지 않도록 해야 한다는 것입니다. 과거에는 유물론, 철학적 원자론 같은 긍정적인 많은 메시지들이 물리학에 부여되었는데, 이는 잘못이었습니다. 그러나 물리학은 부정 속에서도 매우 훌륭합니다. 지난날 수학과 천문학 같은 동류 학문들의 도움을 받아, 지하에 지옥이 있는 평평한 지구라는 관념에 근거하는 순진한 형이상학들을 제거한 것은 물리학입니다. 이어서 믿을 수 없을 만큼 많은 미신들에 대한 신뢰를 떨어뜨린 것도 물리학입니다. 특히——주목할 만한 것이지만!——예를 들어 기계론이나 과학만능주의같이 물리학 사체가 만들어 낸 미신들까지 포함해서 말입니다. 오늘날——푸앵카레와 보어를 생각해 보십시오——물리학이 보여 주고 있는 것은 엄격하게 유물론적인 불안정(변화)의 철학들이 더 이상 물리학에 기댈 수가 없다는 것입니다. 그런데 과거에 이 철학들은 부당하게 물리학을 큰 후원자로 간주했습니다. 뿐만 아니라 현재에도 객관주의자의 언어에 대한 부적절성을 입증한 것은 물리학입니다. 내가 말하고자 하는 것은 물리학이 지식의 대상에 대한 칸트의 견해를 침해하지 않고, 칸트가 제시한 오성의 범주들——실체 · 인과율(결정론과 동일시된) 같은 범주들——이 이것들의 목적에 부적합하다는 사실을 확증했다는 것입니다. 끝으로 오늘날 그것이 힘 있게 드러내 주고 있다고 보이는 것은, 과학에서조차 '현상'이란 말이 어원적인 의미에서 파악되어야 한다는 것입니다. 어원적 의미에서 현상은 존재하는 것이 아니라 보이는 것을 의미합니다."

"물론 이 마지막 지적은 언뜻 보기에 우리가 조금 전에 환기한 정신주의적——또는 은밀한 정신주의적——독트린들의 입장을 강화시켜 주는 것 같습니다. 그러나 나는 여기서도 역시 물리학이, 그리고 좀더 일반적으로 말해서 과학이 기여해 주는 것이 있다고 생각합니다. 이 기여는 사실에 관한 것이 아니라는 점에서 이전의 것들과는 다릅니다. 이러한 차원에서 그것은 상대성과 양자가 제공하는 것과 같은 분명한 정보가 아닙니다. 그것은 매우 일반적인 데이터로서 '무언가가' 저항하고 있다는 것입니다. 이것이 바로 철학자들이 모르고 있는 체험적 사실입니다. 그런 만큼 그들은 실재의 '구축'이란 말로 경쾌하게 생각할 수도 있지요. 과학자는 다릅니다. 그는 경탄스러울 정도로 합리적인 아름다운 이론들이 너무도 자주 실험적 사실들이란 암초에 부딪쳐 부서지고 있다는 것을 알고 있습니다. 무언가가 이렇게 말했습니다. "아니야, 너는 틀렸어. 그게 아니야"라고 말입니다. 이 무언가는 우리가 아닙니다. 따라서 그것은 우리 밖에 있는 무엇입니다. 그리고 과학——현상들을 다루는 과학——은 그것을 기술하지 못하거나, 적어도 어떤 식으로든 자세히 기술하지 못하기 때문에 나는 베일에 싸인 실재라는 이름을 그것에 부여하지요.

—— 그건 조금 밋밋한 이름이 아닐까요라고 운디네가 물었다. "파르메니데스 · 아리스토텔레스 · 스피노자 · 에크하르트까지

약간은 환상을 품은 이 모든 사상가들도 그와 같은 견해를 가지고 있었습니다. 그러나 파르메니데스는 그것을 존재라 불렀고, 다른 사람들은 그것을 하느님이라 지칭했습니다."

— 나는 나 자신이 밋밋한 낱말들을 사용하지 않을 수 없다고 생각한다고 직업적 과학자로서 그녀에게 대답했다. "만일 내가 화려한 말을 선택하면, 사람들은 현대 물리학이 긍정적으로 나에게 어떤 존재를 드러냈다고 믿을 것입니다. 그런데 전혀 그렇지 않습니다. 요컨대 그것이 나에게 단순히 '물질'이란 개념의 감옥에 창문 같은 것을 열어 주었다고 말해 봅시다. 뿐만 아니라 사실 실재의 저항에 대한 나의 과학적 실험이 나로 하여금 대립적 태도 속에 갇히는 것── '오로지 인간' 속에 갇히는 것──을 막아 주었습니다. 이렇게 갇혀 있음으로써 나는 현대의 많은 철학자들이 비약할 수 없다고 생각합니다."

"그러나 당신이 이름을 댄 위대한 정신들의 목표를 상기시킨 것은 옳은 일입니다. 우선 내가 말하고자 하는 것은 방금 환기시킨 이중의 해방이 '루소적인' 고귀한 몽상을 정당하게 만든다는 것입니다. 이 몽상은 사물의 일상성이 제시하는 지평들보다 훨씬 많은 의미를 실어나르는 지평들을 전적으로 중시합니다. 그러나 나는 이보다 더 멀리까지 나아갑니다. 내가 생각할 때 이 이중의 해방이 우리에게 깨닫게 해주는 것은 당신이 암시하는, 보다 특별히 정신적인 그 탐구들과 관련해서도 무언가 유사한 것이 말해질 수 있다는 것입니다. 이 해방의 결과가 가져다 주는 것은──과학과 철학에서 기성 관념들이 함축할 수 있는 것과는 반대로!——이런 유형의 모든 탐구가 사상과 지식의 정복을 통해 **자동**으로 환상적인 것이 되지는 않는다는 사실입니다. 이 점은 대단한 것은 아닙니다. 그렇다고 그것이 사소한 것도 아닙니다. 내 말을 믿어 주시오. 그리고 또한 보다 일반적으로 생각하는 것은 현재 탐미주의자들의 영역과는 매우 다른 영역에서, 내가 이야기하는 해방이 감성과 예술의 차원에서 이해된 이성의 통로들 사이에 화해의 전망을 다시 열고 있다는 것입니다."

"이상입니다. 당신은 질문들을 통해서 나로 하여금 나의 철학적-과학적 견해들에 대해 간단한 개관을 하도록 했습니다. 이 개관은 물론 별로 논쟁이 이루어지지는 못했지만, 적어도 심하게 불균형적인 것은 아닙니다."

내가 이렇게 이야기하고 있는 사이에 어스름이 서서히 찾아왔다. 어둠이 정원에 밀려들었다. 나의 마지막 말은 내가 던진 돌멩이가 '퐁당!' 하고 떨어지는 소리와 더불어 끝났다. 그러자 아름답게 원을 그리며 퍼져 나가는 파동이 강물 위에 뚜렷이 나타났다.

인물 약전

가생디 Gassendi, Pierre(1592-1655) 프랑스의 과학자·수학자·철학자. 아리스토텔레스주의의 대안으로 에피쿠로스주의를 부활시켰고, 그 과정에서 기계론적 원자론을 불멸성, 자유 의지, 무한한 신(神), 창조 등에 대한 그리스도교의 믿음과 융합하려고 했다. 가생디는 케플러가 예측한 행성의 태양면 통과, 즉 1631년 수성의 태양면 통과를 맨 처음 관측한 사람이다. 과학에 대한 저작이 많이 있지만 가장 큰 영향력을 행사한 것은 《철학적 원자론》이다.

갈릴레오 Galileo(Galilei, 1564-1642) 이탈리아의 수학자·천문학자·물리학자. 근대 과학의 발전에 많은 공헌을 했다. 특히 중력과 운동에 관한 연구에 실험과 수리 해석을 함께 사용하여, 일반적으로 근대 역학과 실험물리학의 창시자로 알려져 있다. "자연은 수학적 언어로 씌어진다"라는 주장으로 수학적 합리주의를 주창하여 아리스토텔레스의 논리에 대항했다. 그의 과학적 업적은 크게 천문학과 역학으로 나눌 수 있다. 천문학에서의 공헌은 망원경 관측에 의해 많은 새로운 발견을 한 데 있다. 또 별의 연주 시차를 발견했고, 빛의 속도가 유한하다고 믿었다. 그렇지만 케플러 법칙을 무시하고 원운동을 고수한 점이나, 중력을 마술적이라는 이유로 거부한 점 등은 그의 한계였다

역학을 과학의 한 분야로 성립시킨 것, 특히 '힘'과 후에 뉴턴에 의해 공식화된 역학을 수학적으로 해석하여 힘과 운동 사이의 밀접한 관계를 암시했던 것은 빼놓을 수 없는 업적이다.

나폴레옹 1세 Napoleon, Bonaparte(1769-1821) 프랑스의 장군·제1통령(1799-1804)·황제(1804-14/15). 프랑스와 서유럽 여러 나라 제도에 오래도록 영향을 끼친 많은 개혁을 이루어냈고, 프랑스의 군사적 팽창에 가장 큰 열정을 쏟았다. 그가 몰락했을 때 프랑스 영토는 1789년 혁명 때보다 줄어들었지만 그가 살아 있는 동안, 그리고 조카인 나폴레옹 3세가 다스린 제2제정이 막을 내릴 때까지 그는 거의 모든 사람에게 역

사상 가장 위대한 영웅으로서 존경받았다.

네르발 Nerval, Gerard de(1808-55) 본명은 Gerard Labrunie. 프랑스의 시인. 프랑스 문학 최초의 상징주의자 · 초현실주의자에 속하며, 꿈을 현실 세계와 초자연적 세계 사이의 전달 수단으로 이해했다. 그의 작품은 대부분 자신이 실제로 겪은 체험과 꿈, 끊임없이 그를 광기로 몰아넣는 몽상과 환상을 반영하고 분석한 것이다.

대표작으로는 《동방기행》《오렐리아》《불의 딸들》《몽환들》이 있다.

뉴턴 Newton, Sir Isaac(1643-1727) 영국 출신의 물리학자 · 수학자. 17세기 과학 혁명의 상징적인 인물이다. 광학 · 역학 · 수학 분야에서 뛰어난 업적을 남겼고, 1687년에 출간된 《자연철학의 수학적 원리》는 근대 과학에 있어서 가장 중요한 책으로 꼽힌다.

다윈 Darwin, Charles (Robert, 1809-82) 영국의 박물학자. 생물의 진화를 주장하고, 자연 선택에 의해 새로운 종이 기원한다는 자연선택설을 발표했다. 다윈의 진화설은 주로 《자연 선택에 의한 종의 기원에 관하여》(1859)와 《인간의 유래 및 성(性)에 관한 선택》(1871)에서 제의된 것인데, 당시의 과학 및 종교의 진로에 많은 영향을 주었으며, 인간의 생각에 혁신을 가져왔다.

단테 Dante, Alighieri(1265-1321) 이탈리아의 가장 위대한 시인, 서유럽 문학의 거장. 후에 《신곡》으로 제목이 바뀐 기념비적인 서사시 《희극》으로 널리 알려졌다. 이 위대한 중세 문학 작품은 인간의 속세 및 영원한 운명을 심오한 그리스도교적 시각으로 그리고 있다. 라틴어가 아닌 이탈리아어를 시어(詩語)로 선택함으로써 단테는 문학 발달 과정에 결정적인 영향을 미쳤다. 시 이외에도 중요한 이론적 저술들을 썼는데, 그 범위는 수사론에서부터 도덕 · 철학 및 정치 사상에까지 이른다.

달랑베르 d'Alembert, Jean Le Rond(1717-83) 프랑스의 수학자 · 철학자 · 저술가. 유명한 《백과전서》의 기고가 · 편집자로서 상당한 명성을 얻기 전에는 수학자 · 과학자로서 명성을 얻었다. 그는 합리주의자들의 이상이었던 모든 지식의 궁극적인 통합으로부터 영감을 얻어 과학의 다양한 분야를 서로 연결하게 해준 원리인 하나의 과학철학에 공헌했으며, 또한 그의 생애와 모든 업적 전반에 걸쳐 전형적인 18세기의 철학자였다.

데모크리토스 Demokritos(BC 460경-370경) 그리스의 철학자. 원자론 발전에 중요한 역할을 했다. 생애에 관해 알려져 있는 것은 대부분 믿을 수 없는 전설뿐이다. 데모크리토스는 실재 또는 존재가 영원하고 나눌 수 없는 통일체라는 엘레아학파의 주장에는 동의했지만, 그 실재가 하나뿐이고 고정되어 있다는 주장에는 반대했다. 세계의 변화하는 물리적 현상을 설명하기 위해 공간 또는 허공도 실재 존재와 동등한 권리를 갖는다고 주장했다. 허공은 무한한 공간인 진공이며, 존재(물질계)를 이루고 있는 무수한 원자들이 이 진공 속을 움직이고 있다고 생각했다.

데카르트 Descartes, René(1596-1650) 프랑스의 수학자·과학자·철학자. 스콜라학파의 아리스토텔레스주의에 처음 반대한 사람으로 근대 철학의 아버지로 알려져 있다. 모든 형태의 지식을 방법적으로 의심하고 나서 "나는 생각한다. 그러므로 나는 존재한다"라는 직관이 확실한 지식임을 발견했다. 사유를 본질로 하는 정신과 연장(延長)을 본질로 하는 물질을 구분함으로써 이원론적 체계를 펼쳤다. 데카르트의 형이상학 체계는 본유 관념으로부터 이성에 의해 도출된다는 점에서 직관주의적이나, 물리학과 생리학은 감각적 지식에 기초를 두고 있다는 점에서 경험주의적이다.

돌턴 Dalton, John(1766-1844) 영국의 화학자·물리학자. 근대 원자론을 제시해 근대 물리학의 창시자 가운데 한 사람으로 알려져 있다. 1787년부터 죽을 때까지 자신이 살았던 호수 주변 지역의 기후 변화를 기록하는 기상 관측 일지를 작성하면서 처음으로 과학적 연구를 시작했는데, 그가 늙어서도 줄곧 기록한 이 관측 일지에는 약 20만 항목이 담겨 있다. 이것을 바탕으로 《기상 관측 자료와 소론》(1793)을 출간했다.

그와 그의 형에게 유전된 색맹에도 관심을 가져 그 연구 결과를 《색각(色覺)에 관련된 놀라운 사실》(1794)로 출간했다. 여기서 그는 색각 이상이 안구의 액체 매질이 탈색되기 때문에 생긴다고 주장했으며, 후에 돌터니즘(Daltonism)은 색맹을 나타내는 용어가 되었다.

19세기초 무렵부터 시작한 그의 화학 연구는 처음에는 기체들을 연구해 돌턴의 법칙으로 알려진 기체 분압 법칙(혼합 기체의 총압력은 그

혼합 기체를 이루고 있는 각 기체들의 압력을 모두 합한 것과 같으며, 각 기체는 독립적으로 작용한다)을 정립했다. 화학 기호 체계를 고안했으며, 각 원자들(물질 입자들)의 상대적인 무게를 확정해 1803년 표로 만들었다. 게다가 서로 다른 원소들의 화학 결합이 단순한 산술적 무게비를 따라 일어난다는 이론을 제시해 일정 성분비 및 배수 비례의 법칙을 세우는 데도 이바지했다. 또 부틸렌을 발견했고, 에테르의 화학 조성과 화학식을 밝혔다. 마지막으로 자신의 이론적 걸작, 즉 모든 원소는 같은 모양과 같은 무게를 가진 원자라는, 매우 작고 더 이상 쪼개지지 않는 입자들로 구성되어 있다는 원자 가설을 세웠다. 《화학 원리의 새로운 체계》(1부 1808, 2부 1810)에 담겨 있는 많은 것들을 비롯해 돌턴의 연구물과 글들은 인류에게 빛을 던져 주었다.

디드로 Diderot, Denis(1713-84) 프랑스의 문필가 · 철학자. 1745-72년 계몽주의 시대의 주요 저작물인 《백과전서》의 편집장을 맡았다. 철학과 과학 분야의 저술을 통해 디드로는 찰스 다윈의 진화론을 예견하면서, 물질의 세포 구조에 관한 최초의 근대적 이론을 전개하는 유물론 철학을 발전시켰다. 과학 분야에 대한 그의 사색도 상당히 흥미롭지만, 이 사색을 탁월한 변증법적 화려함으로 표현하는 것도 특이하다. 종종 역설 형태와 항상 대화체로 제시되는 디드로의 사상은, 인간 본성에 내재하는 복합성과 모순성에 대한 깊은 이해와 현실 감각에서 나온 것이다. 그는 꿈에 관한 이론을 전개하여 이후 프로이트에게 영향을 미치기도 했다.

디랙 Dirac, Paul Adrien Maurice(1902-84) 영국의 이론물리학자. 주요 업적은 양자역학과 전자 스핀에 대한 연구이다. 1933년 오스트리아의 물리학자 에르빈 슈뢰딩거와 공동으로 노벨 물리학상을 받았다. 1926년 양자역학, 즉 원자 입자를 지배하는 운동 법칙의 한 형태를 고안해 냄으로써 물리학 분야에 처음으로 중요한 공헌을 하였다.

라이프치히 Leibniz, Gottfried Wilhelm(1646-1716) 독일의 철학자 · 수학자 · 정치고문. 탁월한 형이상학자이자 논리학자로서 미 · 적분의 독창적인 발명으로 유명하다. 라이프니츠는 불굴의 저술가, 광범위한 서신교류가(6백 명 이상과 교류), 애국자, 세계시민주의자, 위대한 과학자로서 서구 문명에 강력한 영향을 끼친 사상가였다.

라 퐁텐 La Fontaine, Jean de(1621-95) 프랑스의 시인. 그의 《우화》는 프랑스 문학의 위대한 걸작 중 하나로 꼽힌다.

러더퍼드 Rutherfurd, Lewis Morris(1816-92) 미국의 천체물리학자. 천체 사진용 망원경을 처음으로 제작했다. 1856년 러더퍼드는 뉴욕 시의 자택 안에 소규모 천문대를 만들어 2년 뒤에는 달 사진을 찍었다. 그러나 그는 보통 망원경으로 사진 찍는 것에 불만을 느끼고, 렌즈 장치를 새로 고안해 자신의 망원경을 사진 관측용 망원경으로 개조했다. 이것은 본질적으로 망원경을 렌즈로 사용하는 카메라라고 할 수 있다. 1860년 그는 래브라도에서 일식을 촬영함으로써 이 발명품을 성공적으로 시험했다. 그뒤 분광학에 관심을 가져 1863년에는 처음으로 별의 스펙트럼 분류 결과를 발표하였다.

로렌츠 Lorentz, Hendrik Antoon(1853-1928) 네덜란드의 물리학자. 전자기 복사 이론으로 1902년 피에터 제만과 함께 노벨 물리학상을 받았다. 물리학에서 로렌츠의 연구는 상당히 폭넓은 것이었지만, 그의 주요한 목표는 전기 · 자기 · 빛의 관계를 설명하는 하나의 이론을 구성하는 것이었다. 로렌츠는 1904년 자신의 생각을 확장하여 로렌츠 변환식을 만들어 냈다. 이 변환식들은 움직이는 물체의 특성이자 아인슈타인의 특수 상대성 이론의 기초를 형성하는 질량 증가, 길이 수축, 시간 지연을 표현한 수학 공식이다.

로크 Locke, John(1632-1704) 영국의 철학자. 영국과 프랑스 계몽주의의 선구자로서 미국 헌법에 정신적 기초를 제공했다. 당시 '새로운 과학,' 곧 근대 과학을 포함한 인식의 문제를 다룬 《인간 오성론》의 저자로 유명하다.

루소 Rousseau, Jean-Baptiste(1671-1741) 프랑스의 시인 · 극작가. 재담을 좋아하고 퇴폐적이었던 당시의 파리 사교계에서 큰 인기를 누렸다. 가난한 구두수선공의 아들로서 젊은 시절부터 풍자시에 재능을 보였다. 그가 다룬 주제는 대체로 하룻동안 일어난 사건과 인물들에 바탕을 두고 있지만, 작품의 형식과 문체는 고전적이다. 짧고 냉소적인 풍자시들이 그의 가장 뛰어난 작품으로 평가된다.

루크레티우스 Lucretius BC 1세기에 활동한 고대 로마의 시인·철학자. 유일한 장편시 〈사물의 본성에 관하여〉로 유명하다. 이 시는 그리스의 철학자 에피쿠로스의 자연학을 가장 완벽하게 보존하고 있는 작품으로, 에피쿠로스의 윤리학설과 논리설에 대해서도 언급하고 있다. 시를 제외하고는 알려진 바가 거의 없다.

맥스웰 Maxwell, James Clerk(1831–79) 스코틀랜드의 물리학자. 19세기를 대표하는 물리학자로서 종종 뉴턴이나 아인슈타인과 비교된다. 그는 패러데이의 전자기 유도 법칙을 표현하는 방법으로 기계적인 모형을 설정했는데, 그로부터 유전체에 '변위 전류'가 생긴다는 사실을 발견했다. 이 파동의 속력을 계산하던 중 빛의 속력과 유사하다는 것을 발견하고, '빛은 전자기 현상이 일어나는 매체 같은 매체 안에서 일어나는 횡파(橫波)'라고 주장했다. 그의 이러한 주장은 전자기파가 실험실 안에서도 생성될 수 있음을 의미하는 것으로, 실제 1887년 하인리히 헤르츠에 의해 증명되었다. 따라서 이후에 전개된 무선 통신 사업은 그의 이론으로부터 나온 것이라고 할 수 있다. 맥스웰은 전자기학 이외에도 많은 다른 분야에서 중요한 공헌을 했다. 그가 20대에 제시한 토성의 테에 관한 이론은 백년 뒤에 보이저 위성탐사선에 의해서 승명되었다. 또한 최초로 통계적인 방법을 열역학에 도입했고, 실험에도 조예가 깊어 컬러 사진법, 효과적인 조속기(調速機) 등을 고안했다.

몰리에르 Moliere(1622–73) 프랑스의 위대한 희극 작가·배우. 17세기 프랑스의 교회 및 세속 당국은 그를 적대시했지만, 몰리에르의 희극적 천재성은 마침내 그에게 프랑스가 낳은 가장 위대한 작가로서의 명성을 안겨 주었다. 몰리에르 이전에도 희극은 긴 역사를 지니고 있었고, 그는 그 전통적 형식들의 대부분을 수용했으며, 여기에서 한걸음 더 나아가 새로운 양식의 희극을 창조하는 데 성공했다. 그의 희극 양식은 정상적인 것과 비정상적인 것의 상호 관계 속에서 바라본 이중적 시각에 기초한 것으로, 예컨대 그럴싸한 것과 진실한 것, 현학적인 것과 지혜로운 것 등의 대비가 그 희극적 원천이다. 배우이기도 했던 몰리에르는 어떤 상황을 다루더라도 그것을 생동감 있게, 때로는 비현실적일 만큼 극적으로 만들어, 비록 이성의 시대에 살기는 했지만 그의 양식은 부조리한 것을 합리화하지 않고 거기에 생기를 부여했다. 그러한 예가 《타르튀프》《아내들의 학교》《인간혐오자》 같은 작품들이다. 수 세기 후에 다른 매체를 통해 활동했던 가장 위대한 희극 예술가들(예를 들어 찰리 채플린 같은 이들)이 여전히 몰리에르와 견주어짐으로 보아 그의 예술관의 참신성이 입증되고 있다.

몽테뉴 Montaigne, Michel (Eyquem) de(1533-92) 프랑스의 사상가·문필가. 16세기 후반 프랑스의 광신적인 종교 시민 전쟁의 와중에서 종교에 대한 관용을 지지했고, 인간 중심의 도덕을 제창했다. 그러한 견해를 피력하기 위해, 또는 좀더 정확히는 그러한 견해가 자신에게 무엇을 의미하는가를 밝히기 위해 에세이라는 문학 형식을 만들어 냈다. 그의 《수상록》은 인간 정신에 대한 회의주의적 성찰과 라틴 고전에 대한 해박한 교양을 반영하고 있다.

버클리 Berkeley, George(1685-1753) 영국계 아일랜드의 성공회 주교, 철학자, 과학자. 정신적인 것을 제외한 모든 것은 감각 기관에 의해 지각되는 경우에만 존재한다고 주장하는 경험론 철학으로 유명하다.

보들레르 Baudelaire, Charles Pierre(1821-67) 프랑스의 시인. 외설과 신성 모독으로 기소당했고, 죽은 지 오래된 오늘날에도 여전히 대중의 마음속에서 타락과 악덕의 존재로 동일시되는 보들레르는, 19세기보다는 20세기 사람들에게 직접 이야기하고 있는 듯 여겨질 만큼 당대의 어느 누구보다도 현대 문명에 가까이 접근한 시인이었다. 그는 낭만주의의 부자연스러운 꾸밈을 거부하고, 대부분 내성적인 시 속에서 종교적 믿음 없이 신을 추구하는 탐구자로 모습을 드러냈다. 그는 생명의 모든 징후(한 송이 꽃의 빛깔, 창녀의 찡그린 얼굴)에서 진정한 의미를 찾고자 했다. 시인이자 비평가로서 그는 현대 세계의 인간 조건에 호소하고 있으며, 주제 선택의 제약을 거부하고 상징의 시적 힘을 강력히 주장한 점에서도 역시 현대적이다. 보들레르의 대표 시집인 《악의 꽃》은 레스비언에 관한 시, 반항과 퇴폐에 관한 시, 그리고 노골적인 성애시로 이루어져 있었다.

보어 Bohr, Niels Henrik David(1885-1962) 덴마크의 물리학자. 20세기의 가장 중요한 과학자 가운데 한 명이다. 한 계의 에너지는 일정한 불연속적인 값들로 제한되어 있다는 양자론을 원자 구조와 분자 구조에 최초로 적용하였다. 그는 거의 반세기 동안 양자물리학을 이끌어 온 인물로서 주요한 공헌을 했으며, 1922년 노벨 물리학상을 받았다.

볼츠만 Boltzmann, Ludwig Eduard(1844~1906) 오스트리아의 물리학자. 원자의 성질(질량 · 전하 · 구조 등)이 어떻게 눈에 보이는 물질의 성질(점성도 · 열전도도 · 확산 등)을 결정하는지를 설명 및 예측하는 통계역학을 발전시키는 데 크게 이바지했다.

베르틀로 Berthelot, Philippe(-Joseph-Louis, 1866~1934) 프랑스의 정치가. 오랜 기간 동안 외교 정책에 관여하면서 제1차 세계대전 기간 동안 상당한 영향력을 행사했으며, 전후에는 아리스티드 브리앙 내각에 참여했다. 화학자 마르셀랭 베르틀로의 아들로 태어나서 저명한 문학가 · 과학자들과 교류하면서 청년 시절을 보냈다. 1889년 외무부에 들어가 1902~04년 중국에 파견되었으며, 제1차 세계대전이 발발하자 발칸 협상과 연합국간의 상호 연락을 위해 활동했다. 베르사유평화회의에 참석한 뒤 내각의 최고위 직책인 정치경제국장 겸 국정자문위원으로 위촉되었다. 1920년 9월에는 총서기직이 그를 위해 마련되었으나, 이듬해 동생이 이사로 있던 중국산업은행을 위해 권력을 남용했다는 비난이 들끓자 총서기직에서 물러났다. 1925년 다시 총서기로 취임한 베르틀로는 로카르노와 런던으로 아리스티드 브리앙 총리를 수행했으며 러시아와의 외교 관계 재개를 주관했다. 이때부터 필리프 베르틀로는 내각의 실력자로서 막강한 영향력을 행사했고, 스스로의 표현대로 '영국과의 관계 강화와 독일과의 신뢰 회복'을 추진했다.

베아트리체 Beatrice 이탈리아의 위대한 시인 단테가 9세 때 첫눈에 반해 1321년 죽을 때까지 자신의 생애 대부분과 시 작품을 바치며 사모한 여인이다. 단테는 40년에 걸쳐 완성한 《신곡》에서 베아트리체를 찬미했다. 베아트리체는 피렌체 귀족의 딸인 베아트리체 포르티나리라는 것이 정설로 되어 있다.

베크렐 Becquerel, Antoine-Henri(1852~1908) 프랑스의 물리학자. 우라늄 및 다른 물질들을 조사하다가 방사능을 발견했다. 1903년 피에르 · 마리 퀴리 부부와 함께 노벨 물리학상을 받았다.

볼테르 Voltaire(1694-1778) 프랑스의 작가·사상가. 계몽주의 시대를 대표하는 인물이다. 오늘날까지 읽히는 그의 작품은 소수에 불과하지만, 그는 18세기 유럽의 전제 정치와 종교적 맹신에 저항하고, 진보의 이상을 고취한 인물로 아직도 세계적인 명성을 누리고 있다. 고전주의 말기에서 프랑스 혁명기 직전에 걸친 생애를 통하여, 그는 비판 능력과 재치 및 풍자 같은 프랑스 정서 특유의 자질들을 구현한 작품과 활동으로 유럽 문명의 진로에 상당한 영향을 끼쳤다.

베이컨 Bacon, Francis(1561-1626) 영국의 법률가·궁정신하·정치가, 영어 문장의 대가. 헌법사 연구가에게는 하원과 몇몇 유명한 재판의 연설가이자 제임스 1세의 대법관(1618-21)으로 잘 알려져 있다. 사상사적으로 모든 지식을 두루 통달하여 자연을 정당하게 지배할 수 있는 새로운 방식을 내세운 것으로 유명하다. 베이컨 과학철학의 핵심은 《신 오르가논》 2권에서 설명한 귀납적 추론이다. 이전 사상의 결점은 일반 명제를 성급하게 도출하거나 무비판적으로 자명하게 가정한 데 있다고 보고, 이를 극복하기 위해 '점진적 상승' 기법을 주장했다. 이 기법은 점차 일반성의 정도를 높여 가면서 충분한 근거를 가진 명제들을 참을 성 있게 모으는 방법이다.

상폴리옹 Champollion, Jean-Francois(1790-1832) 프랑스의 역사가·언어학자. 이집트학 연구의 체계를 확립했고, 이집트 상형 문자를 해독하는 데 중요한 역할을 했다. 16세 때 이미 라틴어와 그리스어뿐만 아니라 6개의 고대 동양 언어에 통달했다. 그리스어 문헌을 상형 문자 및 민중 문자로 옮긴 글이 새겨진 '로제타 스톤'이 발견되어, 영국의 물리학자 토머스 영이 이 비문을 해독하는 데 성공을 거둔 뒤에야 샹폴리옹은 마침내 이 상형 문자의 수수께끼를 풀기 시작했다. 1821-22년에 그는 로제타 스톤에 씌어진 상형 문자와 신관 문자(神官文字)에 관한 논문을 발표하기 시작했고, 이어서 상형 문자 기호와 거기에 대응하는 그리스 문자에 대한 완정한 목록을 작성했다. 그는 상형 문자 기호 가운데 일부는 자모이고, 일부는 음절이며, 일부는 앞에 나온 개념이나 사물 전체를 나타내는 지시대명사라는 사실을 처음으로 발견했다.

소크라테스 Socrates(BC 470경-399) 고대 그리스의 철학자. BC 5세

기 후반에 활동했으며, 서구 문화의 철학적 기초를 마련한 고대 그리스의 위대한 세 인물인 소크라테스 · 플라톤 · 아리스토텔레스 가운데서 첫째 인물이다. 키케로가 말했듯이 그는 "철학을 하늘에서 땅으로 끌어내렸다." 즉 소크라테스는 이오니아와 이탈리아 우주론자들의 자연에 관한 사변에서 인간 생활의 성격과 행위를 분석하는 데로 철학의 초점을 옮겼다. 그는 도덕적 가치가 침식된 펠로폰네소스 전쟁의 혼란기에 살면서, '너 자신을 알라'는 충고와 도덕적 용어의 의미에 대한 연구를 통해 윤리 생활을 뒷받침해야 한다는 소명을 느꼈다.

슈뢰딩거 Schrodinger, Erwin(1887-1961) 오스트리아의 이론물리학자. 물질의 파동 이론과 양자역학의 다른 기초들을 세우는 데 기여했다. 영국의 물리학자 P. A. M. 디랙과 공동으로 1933년 노벨 물리학상을 받았다.

스탕달 Stendhal(1783-1842) 19세기 프랑스의 주요 소설가 가운데 한 사람. 그의 작품은 심리적 · 정치적 통찰로 유명하다. 대표작은 《적과 흑》(1830) 《파름의 수도원》(1839)이다. 그는 많은 필명을 가지고 있었지만, 그 중에서도 가장 유명한 이름은 프로이센의 도시 슈텐달에서 따온 스탕달이었다.

스피노자 Spinoza, Benedict de(1632-77) 네덜란드의 유대인 철학자, 17세기 합리론의 주요 이론가. 그의 불후의 저작 《기하학적 방식으로 다룬 윤리학》은 '기하학적 방식으로 다룬'이라는 부제가 말해 주듯이 바로 그 양식으로 서술되었다. 당시 대부분의 사람들처럼 스피노자도 정의는 자의적인 것이 아니며, 정의가 정확한가 정확하지 않은가를 알 수 있는 직감이 존재한다고 주장했다. 그에 따르면 믿을 만한 정의는 정의되는 대상이 가능한 존재인지 필연적 존재인지를 명시해야 한다.

아낙시만드로스 Anaximandros(BC 610-546/545) 그리스의 철학자. 흔히 천문학의 창시자, 우주론 또는 체계적인 철학적 세계관을 전개한 최초의 사상가로 불린다. 몇 세기 동안 남아 있다 사라진 지리학 · 천문학 · 우주론에 관한 논문들을 썼고, 당시까지 알려진 세계에 관한 지도를 만들었다는 증거가 있다. 합리주의자로서 대칭을 찬양했고, 기하학과 수학적 비례를 도입하여 천체 지도를 그리려 했다. 그 결과 그의 이론은 이전의 더 신비적인 우주관에서 벗어났고, 이후의 천문학 발전을 예시했다.

그는 세계를 아페이론(apeiron: 무한자)이라고 불리는 지각할 수 없는 실체로부터 이끌어 낸다. 이 상태는 온냉·건습 같은 대립된 성질로 '분리' 되기 이전 상태이며, 따라서 모든 현상의 원초적 통일을 나타낸다. 그는 모든 다양성 뒤에서 통일성을 분명히 발견할 수 있다는 철학적 견해를 취했다. 아낙시만드로스의 이론에서 새로운 요소는 지구가 어떤 방식으로든 우주의 다른 부분에 매달려 있거나 떠받쳐져 있다는 기존의 생각을 거부했다는 점이다. 그 대신 지구가 아무런 받침대 없이 우주의 중심에 자리잡고 있으며, 왜냐하면 지구는 어떤 방향으로든 움직일 이유가 없고, 따라서 정지해 있기 때문이라고 주장했다.

아리스타르코스 Aristarchos of Samos(BC 310경-230) 그리스의 천문학자. 지구는 자전하면서 태양 주위를 공전한다고 처음으로 주장했다. 지구의 운동에 대한 그의 진보적인 생각은 아르키메데스와 플루타르코스에 의해 알려졌다. 현존하는 그의 저서는 〈태양과 달의 크기와 거리에 대하여〉라는 소논문 하나뿐이다. 그가 기하학으로 구한 값은 잘못된 관측으로 인해 부정확하다. 그는 태양년(太陽年)의 길이에 대해서 더욱 정확한 값을 구했다. 달 구덩이 중 하나는 그의 이름을 따서 붙였는데, 이 중심 봉우리는 달에서 가장 밝은 부분이다.

아리스토텔레스 Aristoteles(BC 384-322) 고대 그리스의 철학자·과학자. 플라톤과 함께 그리스 최고의 사상가로 꼽히는 인물로 서양 지성사의 방향과 내용에 매우 큰 영향을 끼쳤다. 그가 세운 철학과 과학의 체계는 여러 세기 동안 중세 그리스도교 사상과 스콜라주의 사상을 뒷받침했다. 17세기말까지 서양 문화는 아리스토텔레스주의였으며, 수백년에 걸친 과학 혁명 뒤에도 아리스토텔레스주의는 서양 사상에 여전히 뿌리 깊게 남아 있었다. 아리스토텔레스가 연구한 지식 분야는 물리학·화학·생물학·동물학·심리학·정치학·윤리학·논리학·형이상학·역사·문예 이론·수사학 등 매우 다양하다. 가장 큰 업적은 형식논리학과 동물학 분야의 연구이다. 아리스토텔레스 동물학은 이제 낡은 것이 되었지만, 19세기까지는 관찰과 이론 면에서 그의 연구를 넘어선 사람이 없었다. 철학 분야에서 아리스토텔레스는 아직도 살아 있다. 삼단논법론은 이제 형식논리학의 작은 부분일 뿐이지만, 그의 윤리학·정치학·형이상학·과학철학 등은 현대 철학자들 사이에서도 논의되고 있다.

아리키메데스 Archimedes(BC 290(280경)-212/211) 고대 그리스의 학자·발명가. 구와 구에 외접하는 원기둥의 표면적과 부피의 관계, 아르키메데스의 원리, 아르키메데스의 스크루펌프 등으로 유명하다. 활동 초기에는 이집트에서 얼마간을 보낸 것 같지만, 대부분은 시라쿠사에서 거주했고, 이곳의 왕인 히에론 2세와 함께 절친하게 지냈다. 아르키메데스는 알렉산드리아의 학자인 사모스의 코논과 키레네의 에라토스테네스를 비롯한 그 당시 주요 학자들과 서신 교환의 형태로 자신의 연구를 발표했다. 그는 BC 213년 로마인들에 의해 시라쿠사가 포위 공격을 당했을 때, 이 도시를 오랫동안 지킬 수 있을 정도로 매우 효과적인 전쟁 기계를 만들어 방어에 중요한 역할을 했다.

〈구 제작에 관하여〉라는 논문을 제외하고는 알려진 그의 모든 연구의 특징은 이론적이다. 반면에 역학에 대한 관심은 그의 수학적 사고에 심오한 영향을 끼쳤다. 그는 이론역학과 유체정역학에 관한 연구를 집필했을 뿐 아니라, 〈역학적인 정리들에 관한 방법〉에서 새로운 수학 정리를 발견하기 위한 발견적 방법으로서 역학적인 논법을 사용했다.

아우구스티누스 Augustinus, Aurelius 축일은 8월 28일. 로마령 아프리카에 있던 도시 히포의 주교(396-430). 당시 서방 교회의 지도자이자 고대 그리스도교의 가장 위대한 사상가로 일컬어진다.

《신약성서》에 나타난 종교성과 그리스 철학의 플라톤 전통이 그에게서 완벽하게 융합되었다. 그러한 그의 사상은 중세 로마 가톨릭 세계로 이어졌고, 르네상스 시대의 프로테스탄트를 낳았다. 45세 때 쓴 《고백록》은 잘 알려진 대로 12년 전 로마가톨릭에 귀의함으로써 끝난 그의 방황과 유년 시절을 기록한 책이다.

아인슈타인 Einstein, Albert(1879-1955) 독일의 물리학자. 20세기초의 창조성이 뛰어난 대표적 지식인이었던 그는 20세기초 15년 동안 질량과 에너지의 등가를 단언하고, 공간·시간·중력에 관한 새로운 사고 방식을 제안한 일련의 이론들을 내놓았다. 그의 상대성 원리와 중력에 관한 이론들은 뉴턴 물리학을 넘어서는 심오한 진전이었고, 과학적 탐구와 철학적 탐구에 혁명을 일으켰으며, 1921년 노벨 물리학상을 받았다. 아인슈타인은 그의 명성 덕분에 평화주의 · 자유주의 · 시오니즘 같은 대의를 지지하는 데 영향력이 있었다. 그러나 아이러니컬하게도 이러한 이상주의적인 사람이 물질 입자가 엄청난 양의 에너지로 바뀔 수 있다는 에너지-질량 방정식 가설로 지금까지 알려진 가장 파괴적인 무기인 원자 폭탄과 수소 폭탄의 창조를 증명했다.

알라리크 Alaric(370-410) 서고트족의 족장(395). 410년 8월 그의 군대가 로마를 약탈한 사건은 서로마 제국의 몰락을 상징했다.

귀족 가문 출신으로 한동안 로마군 내의 고트족 부대 지휘관으로 복무했으나, 395년 황제 테오도시우스 1세가 죽은 직후 군대를 떠나 서고트족의 족장으로 선출되었다.

서고트족은 로마를 약탈하기는 하였지만 주민들에게 온정적으로 대했으며, 단지 몇 채의 건물만 불태웠을 뿐이었다.

앙페르 Ampere, Andre-Marie(1775-1836) 프랑스의 물리학자. 지금은 전자기학으로 알려진 전기역학을 기초했으며, 그 이름을 붙였다. 최초로 전기측정법을 개발한 그는 자유롭게 움직이는 바늘을 이용해 전류 측정 장치를 만들었다. 이 장치를 보다 개량한 것이 검류계이다.

에라토스테네스 Eratosthenes of Cyrene(BC 276경-194경) 그리스 과학 저술가 · 천문학자 · 시인. 처음으로 지구의 둘레를 계산했다고 알려진 사람이다.

에라스무스 Saint Erasmus 초대 그리스도교의 주교 · 순교자. 선원의 수호성인. 축일은 6월 2일. 에라스무스는 중세 독일에서 함께 존경받은 14명의 거룩한 수호성인들 가운데 한 사람이다. 로마 황제 디오클레티아누스가 그리스도교도를 박해할 때 에라스무스는 포르미아의 주교였는데, 그곳에서 순교했다고 전해진다.

에우리클레이데스 Eucleides BC 300년경 알렉산드리아에서 활동한 그리스 로마 시대의 으뜸가는 수학자. 기하학 논문인 〈기하학 원본〉이 잘 알려져 있다.

에우클레이데스의 생애에 대해서는 프톨레마이오스 1세 시대에 알렉산드리아에서 학교를 설립하고 가르쳤다는 사실만 알려져 있을 뿐이다. 그는 이전 시대 사람들의 많은 연구로부터 《기하학 원본》을 편집했다.

에우리피데스 Euripides(BC 484경-406) 고대 아테네의 3대 비극 작가 가운데 아이스킬로스와 소포클레스에 뒤이은 마지막 인물. 그의 희곡들은 윤리적·사회적인 논평으로 가득 차 있으며, 후세의 작가와 연설가들에게 풍부한 자료를 제공해 주었다. 후세 사람들은 그의 논평들을 원래의 극적 문맥에서 쉽게 떼어내 도덕론이나 문집, 심지어는 그리스도교 설교문에까지 원용했다.

에크하르트 Eckehart, Meister(1260경-1327/28) 독일의 도미니쿠스 수도회 수사, 신비주의 사색가. 그의 가르침은 훗날 개신교·낭만주의·관념론·실존주의의 발전에 이바지했다. 그의 독일어 및 라틴어 설교 필사본들은 개인의 영혼이 하느님과 합일하는 과정을 그린다. 에크하르트의 철학은 그리스·신플라톤주의·아랍·스콜라 등의 요소를 혼합한 것이기는 하나 독특했다. 때로 이해하기 어려운 그의 교리는 반드시 단순하고 개인적인 신비 체험에서 나온 것으로서, 그는 이 체험들에 여러 이름을 붙인다. 이 과정에서 많은 추상 용어들을 만들어 냄으로써 독일어 발전에 이바지했다.

에피쿠로스 Epicouros(BC 341-270) 그리스의 철학자. 소박한 즐거움, 우정·은둔 등에 관한 윤리철학의 창시자로서 BC 4세기-AD 4세기에 있었던 철학 학원들을 창설했다.

요한 John the Baptist, Saint 1세기초에 활동한 유대인 제사장 가문 출신의 예언자. 하느님의 최후 심판이 가까이 왔다고 선포했으며, 심판에 대비하여 회개한 사람들에게 세례를 주었다. 그리스도교 교회는 그를 예수 그리스도의 선구자로 존경한다. 광야에서 은둔 생활을 한 뒤 요르단 계곡 저지대에서 예언자로 명성을 얻었다. 여러 제자들을 두고 있었고, 예수도 그의 세례를 받은 사람들 가운데 하나였다.

제논 Znn of Elea(BC 495경-430경) 그리스의 철학자·수학자. 아리스토텔레스가 변증법의 발명자라고 부른 인물로서, 특히 역설로 유명하다. 그의 역설은 논리학과 수학의 엄밀성을 발전시키는 데 이바지했으며, 연속과 무한이라는 개념이 정확히 발전하고서야 비로소 해결될 수 있었다.

카르노 Carnot, (Nicolas-Leonard-) Sadi(1796-1832) 프랑스 과학자. 열기관 이론과 연관된 '카르노 순환' 을 기술했다.

* 카르노 순환(Carnot cycle)

열기관(heat engine: 열을 기계적 에너지로 바꾸는 원동기로서 증기 기관, 증기 터빈, 내연 기관 등이 포함된다)에서 유체의 압력 및 온도 변화에 대한 이상적인 순환 과정.

고온과 저온 사이에서 작동하는 모든 열기관의 성능 기준으로 사용되고 있다. 이 순환에서 기관의 작업 물질은 1) 일정한 고온에서 가열에 의한 팽창 2) 가역 단열 팽창 3) 일정한 저온에서 냉각에 의한 압축 4) 가역 단열 압축 등 4가지 연속적인 변화를 겪는다.

카시러 Cassirer, Ernst(1874-1945) 독일의 유대인 철학자·교육자·저술가. 문화적 가치에 대한 해석과 분석으로 유명하다. 카시러의 철학은 주로 칸트의 연구에 기반을 두고, 인간의 개념들이 자연 세계를 구성하는 방법에 관한 칸트의 기본 원리를 확장했다. 칸트 시대 이래로 과학과 문화에 대한 견해들이 크게 변했으므로 칸트의 학설을 더 넓은 인간 경험 영역까지 포괄할 수 있도록 수정해야 한다고 카시러는 생각하였다. 주저 《상징 형식의 철학》(3권, 1923-29)은 인간 문화의 모든 표현 양식 밑에 놓여 있는 정신적 표상과 기능을 면밀히 검토한 작품이다. 또 《실체 개념과 기능 개념》(1910)은 개념 형성에 관련된 주제를 다루었다. 그는 다수의 특수한 사례를 추상함으로써 하나의 개념이 형성된다는 견해를 반박하면서, 인간 지식을 조직하는 도구로서의 개념은 특수한 사례를 분류하는 작업이 이루어지기 전에 '미리 존재하는' 것이라고 주장했다. 인간의 다양한 문화적 표현 형식을 연구한 뒤, 그는 인간의 본질적 특성이 인간 자신의 상징 활동에 의해 규정된다고 결론지었다.

칸트 Kant, Immanuel(1724-1804) 독일의 계몽주의 사상가. 철학사를 통틀어 가장 위대한 철학자 중 한 사람이다. 이마누엘 칸트는 르네 데카르트에서 시작된 합리론과 프랜시스 베이컨에서 시작된 경험론을 종합했다. 그는 철학적 사유의 새로운 한 시대를 열었다. 인식론·윤리학·

미학에 걸친 종합적·체계적인 작업은 뒤에 생겨난 철학들에 큰 영향을
주었다.

케플러 Kepler, Johannes(1571-1630) 독일의 천문학자. 지구 및 다른
행성들이 태양을 중심으로 타원 궤도를 그리면서 공전한다는 사실을 밝
혔다. 우주에 대해 기하학적 설명을 했던 고대의 천문학을 역학적 천문
학으로 전환시켰다. 르네상스 시대의 천문학자이며 점성학자였던 그는
행성 운동의 3가지 원리를 발견한 것으로 가장 잘 알려져 있다. 그는 이
원리들을 이용하여 태양계의 공간 구조를 명확히 밝혔다. 또한 그는 인
간이 시각을 인지하는 과정을 처음으로 정확히 설명하여 근대 광학의
기반을 세우기도 했고, 빛이 망원경에 입사된 후 어떻게 되는가를 정확
히 설명한 첫번째 인물로서 특별한 형태의 망원경을 고안하기도 했다.
기하학적 묘사에 그쳤던 우주에 대한 고대의 해석이 그의 사상에 의해
근대의 역학적 천문학으로 변화되었고, 천문학에 물리학적인 힘의 개념
이 도입되었다

코페르니쿠스 Copernicus, Nicolaus(1473-1543) 폴란드의 천문학자.
그는 지구가 자전축을 중심으로 자전하고 정지해 있는 태양 주위를 공
전한다고 주장함으로써, 근대 과학의 출현에 지대한 의미를 가지는 개
념을 발전시켰다. 그후 지구는 더 이상 우주의 중심이 아닌 수많은 천체
중 하나로 여겨지게 되었고, 수학적으로도 기술할 수 있게 되었다.

퀴리 Curie, Marie(1867-1934) 폴란드 태생 프랑스의 물리학자. 방사
능에 관한 연구로 유명하다. H. 베크렐과 그녀의 남편인 피에르 퀴리와
함께 1903년 노벨 물리학상을 받았으며, 1911년 단독으로 노벨 화학상
을 받는 등 노벨상을 두 차례 수상했다.

키케로 Cicero, Marcus Tullius(BC 106-43) 로마의 정치가·법률가·
학자·작가. 로마 공화국을 파괴한 마지막 내전 때 공화정의 원칙을 지
키려고 애썼지만 실패했다. 저술로는 수사법 및 웅변에 관한 책, 철학과
정치에 관한 논문 및 편지 등이 있다. 오늘날 그는 가장 위대한 로마의
웅변가이자 수사학의 혁신자로 알려져 있다.

탈레스 Thales of Miletus BC 6세기에 활동한 그리스의 철학자. 물이
모든 물질의 본질이라는 데 기초한 우주론과 많은 연구자들이 BC 585

년 5월 28일의 일로 동의하는 일식에 대한 예언으로 유명하다. 탈레스의 글은 하나도 남아 있지 않고 당시의 자료도 없다. 그러므로 그의 업적을 평가하기는 어렵다. 전설적인 7현인의 정전에 그의 이름이 들어 있었다는 사실 때문에 그는 이상화되었고, 틀림없이 가짜가 많지만 많은 행동과 격언이 그의 것으로 추정되었다.

기하학에서 탈레스는 5개의 정리(定理)를 발견한 인물로 알려져 왔다. 1) 원은 그 지름에 의해 이분된다. 2) 같은 길이의 두 변을 갖는 삼각형의 밑변의 두 각은 같다. 3) 교차하는 직선의 맞꼭지각은 같다. 4) 반원에 내접하는 각은 직각이다. 5) 밑변과 밑변에 관계된 두 각이 주어지면 한 삼각형이 결정된다. 그러나 특별한 발견은 매우 유명한 지혜로운 사람의 공으로 돌리는 고대의 관례 때문에 그의 수학적 업적도 정확히 평가하기는 어렵다.

탈레스의 중요성은 물을 본질적인 실체로 선택한 점보다는 현상을 단순화하여 자연을 설명하려 한 데 있고, 신인 동형적 신들의 변덕보다는 자연 자체 안에서 원인을 탐구한 데 있다. 탈레스는 그의 계승자 아낙시만드로스와 아낙시메네스처럼 신화의 세계와 이성의 세계 사이에 다리를 놓은 중요한 인물이다.

토마스 아퀴나스 Thomas Aquinas, Saint(1224/ 25-1274) 그리스도교 철학자. 1323년 성인으로 추증됨. 인성·창조·섭리를 다룬 형이상학 분야에서 아리스토텔레스의 전제들로부터 그 나름의 결론을 이끌어 냈다. 《신학대전》《이단논박대전》이라는 2편의 걸작을 써서 라틴 신학을 고전적으로 체계화한 신학자였으며, 교회 전례에서 사용되는 몇 편의 아름다운 찬송가를 지은 시인이었다. 현대 로마가톨릭 신학자들 가운데는 그의 견해에 동의하지 않는 사람들이 많이 있지만, 로마가톨릭교회는 그를 가장 뛰어난 철학자이며 신학자로 인정한다.

톰슨 Thomson, Sir Joseph John(1856-1940) 영국의 물리학자. 전자를 발견함(1897)으로써 원자 구조에 대한 지식을 혁명적으로 변화시키는 데 공헌했다. 1906년 노벨 물리학상을 받았고, 1908년 기사 작위를 받았다. 톰슨은 원자물리학을 현대 과학으로 정착시킨 인물이다. 지금까지도 계속되고 있는 핵조성에 대한 연구와 더 나아가 소립자들을 확인해 내는 일은 모두 그의 뛰어난 업적인 1897년의 전자 발견에 뒤이어 일어난 일이었다.

파르메니데스 Parmenides 이탈리아 태생 그리스의 철학자. 소크라테스 이전 그리스의 주요 학파 중 하나인 엘레아학파를 세웠다. 일반적인 학설은 주요 저작 중에 남아 있는 약간의 단편들과 세 부분으로 이루어진 다소 긴 운문 《자연에 대하여》를 바탕으로 재구성되었다. 파르메니데스는 존재하는 다수의 사물과 그들의 형태 변화 및 운동이란 단 하나의 영원한 실재('존재')의 현상일 뿐이라고 주장하고, '모든 것은 하나'라는 이른바 파르메니데스 원리를 세웠다. 이러한 존재 개념을 바탕으로 그는 변화와 비(非)존재를 주장하는 것은 비논리적이라고 말했다. 논리적 존재 개념을 바탕으로 현상에 대한 주장을 펼쳤다는 점 때문에 그는 형이상학의 창시자 가운데 한 사람으로 여겨진다.

파스칼 Pascal, Blaise(1623-62) 프랑스의 수학자·물리학자·종교철학자·작가. 근대 확률 이론을 창시했고, 압력에 관한 원리(파스칼의 원리: 유체(기체나 액체)역학에서 밀폐된 용기 내에 정지해 있는 유체의 어느 한 부분에서 생기는 압력의 변화가 유체의 다른 부분과 용기의 벽면에 손실 없이 전달된다는 원리)를 체계화했으며, 신의 존재는 이성이 아니라 심성을 통해 체험할 수 있다고 가르치는 종교적 독단론을 설파했다. 직관론에 바탕을 둔 그의 사상은 장 자크 루소와 앙리 베르그송 및 실존주의자 등 후세의 철학자들에게 상당한 영향을 끼쳤다.

파스퇴르 Pasteur, Louis(1822-95) 프랑스의 화학자·미생물학자. 그의 과학적 업적은 과학사와 산업사에서 가장 다양하고 가치 있는 것 중의 하나이다. 그는 미생물이 발효와 질병의 원인이 된다는 것을 증명했으며, 광견병·탄저병·닭콜레라 등에 대한 백신을 처음으로 만들어 사용했고, 프랑스의 맥주업·포도주업·양잠업을 구했다. 또한 그는 입체 화학에서 중요한 선구자적인 연구를 수행하였으며, 저온 살균법을 개발했다.

페랭 Perrin, Jean(-Baptiste, 1870-1942) 프랑스의 물리학자. 액체 중에 떠다니는 미세 입자의 브라운 운동을 연구하여 물질의 원자적 특성을 확증했으며, 1926년 이 업적으로 노벨 물리학상을 받았다. 1895년

음극선이 음전하를 띤 입자(전자)임을 확립했다. 1908년경 콜로이드 입자가 중력에도 불구하고 액체 중에 떠 있는 방식을 결정하는 데 몰두했다. 이 입자들이 침강하는 모양을 관찰함으로써 그는 이 현상에 대한 아인슈타인의 방정식을 확증했으며, 원자와 분자의 크기뿐만 아니라 주어진 부피 안에서의 양을 판단할 수 있었다.

페르마 Fermat, Pierre de(1601-65) 프랑스의 수학자. 근대 정수론의 창시자라고도 불린다. 페르마는 데카르트와 함께 17세기 중반에 수학을 이끈 사람으로, 데카르트와 무관하게 해석기하학의 기본 원리를 발견했다. 그는 곡선의 접선과 극대·극소점을 찾는 방법을 만들어 미분학 창시자로 간주되어 왔으며, 파스칼과의 편지 왕래로 확률론의 공동 창시자가 되었다.

패러데이 Faraday, Michael(1791-1867) 영국의 물리학자·화학자. 많은 실험으로 전자기학의 이해에 크게 공헌했다. 패러데이는 전기화학의 새로운 이론을 세우고 다음 두 법칙을 밝혔다. 첫째, 전해 전지의 각 전극에서 분해된 물질의 양은 전지를 통과한 전기의 양과 정비례한다. 둘째, 주어진 양의 전기에 의해 분해된 서로 다른 원소들의 양은 이들의 화학 당량비를 따른다.

페트라르카 Petrarca, Francesco(1304-74) 이탈리아의 학자·시인·인문주의자. 이상적인 연인 라우라에게 바치는 시들을 써서 르네상스 서정시의 개화에 기여했다.

페트라르카 사상의 본질은 과거가 현재의 자양이라는 심오한 인식에 있다. 그가 이룬 지속적인 성과는, 세계를 주관하는 섭리가 있다면 그 섭리는 인간을 세계의 중심에 두었으리라는 사실을 인식한 데 있다. 페트라르카는 인간 생활을 풍요롭게 하는 신학적 기초를 제공했다. 그러나 한층 더 중요한 것은, 그가 없이는 르네상스로 귀결되는 15세기 이탈리아의 인문주의적 태도가 불가능했으리라는 사실이다.

푸리에 Fourier, (Francois-Marie-) Charles(1772-1837) 프랑스의 사회 이론가. 생산자 협동조합인 팔랑주에 바탕을 둔 사회의 건설을 주장했다. 이러한 그의 사상 체계를 푸리에주의라고 한다. 푸리에에 따르면, 개인의 사회적 복지에 대해 책임을 지는 농업 공동체라고 할 수 있는 팔랑주는 구성원들간의 지속적인 역할 변화라는 특징을 가진다. 그는 팔랑주가 자본주의보다 더욱 공정한 부의 분배를 가져올 것이며, 또한 군주제를 비롯한 어떤 정치 체제에도 도입될 수 있다고 생각했다. 팔랑주의 각 구성원은 팔랑주 전체의 생산성에 따라 보상을 받게 된다.

푸리에 Fourier, (Jean-Baptiste-) Joseph Baron(1768-1830) 프랑스 수학자. 이집트 학자이며 행정관이기도 했다. 《열 분석 이론》(1822)을 써서 수리물리학에 큰 영향을 주었다. 그는 고체의 열전도를 수학의 무한급수로 분석하는 방법을 제시했다. 이 급수를 '푸리에 급수'라고 한다. 그의 연구는 열전도라는 특정한 주제뿐 아니라 태양 흑점 · 조수 · 날씨 같은 여러 자연 현상을 둘러싼 수리물리학 연구에 자극을 주었다. 그 이래로 이 연구는 종종 경계치(境界値) 문제의 해로 취급되었다. 그의 연구는 근대 수학의 주된 분과 가운데 하나인 실변수 함수론에 커다란 영향을 주었다.

푸앵카레 Poincare, (Jules-) Henri(1854-1912) 프랑스의 수학자 · 이론천문학자 · 과학철학자. 우주진화론, 상대성 이론, 그리고 위상수학에 영향을 미쳤고, 일반 대중에게 과학을 해석해 주는 탁월한 재능을 가졌다.

프레넬 Fresnel, Augustin-Jean(1788-1827) 프랑스의 물리학자. 광학의 선구자이고 토머스 영에 의해 진전된 빛의 파동 이론을 확립하는 데 많은 공헌을 했다. 빛의 수차(收差)를 연구하고 간섭 무늬를 만드는 다양한 장치를 고안했으며, 자신의 연구에 수리 분석을 응용함으로써 파동 이론에 대한 많은 이론(異論)을 제거했다.

플로티노스 Plotinos(205-270) 고대 철학자, 3세기 로마의 영향력 있는 지식인 · 문필가 집단의 중심 인물. 신플라톤주의 철학학파의 창시자로 여겨진다.

프로타고라스 Protagoras(BC 485경-410경) 그리스의 사상가 · 교사. 최초이자 가장 유명한 그리스의 소피스트였다. 아테네에서 삶의 대부분을 보냈고, 도덕 · 정치 문제에 대한 당시 사상에 큰 영향력을 미쳤다. 프로타고라스는 소피스트로서 40여 년 동안 사람들에게 일상 생활의 행동에서 실천해야 할 '덕(arete)'을 가르쳤다. 그는 '인간은 만물의 척도다'라는 명제로 가장 유명하다. 이 명제는 모든 지각 또는 모든 판단이 개인에 따라 상대적임을 의미하는 표현이다.

프톨레마이오스 Ptolemaeos, Claudius AD 127-145년에 알렉산드리아에서 활동한 고대 그리스의 천문학자 · 지리학자 · 수학자. 지구가 우주의 중심이라고 생각했다. 프톨레마이오스는 지구가 중심에 있고, 태양계의 천체들은 달 · 수성 · 금성 · 태양 · 화성 · 목성 · 토성의 순서로 있다고 생각했다.

플라톤 Platon(BC 428/427-348/347) 고대 그리스의 철학자. 서양 문화의 철학적 기초를 마련한 고대 그리스의 위대한 철학자이다. 논리학 · 인식론 · 형이상학 등에 걸친 광범위하고 심오한 철학 체계를 전개했으며, 특히 그의 모든 사상의 발전에는 윤리적 동기가 바탕을 이루고 있다. 또한 이성이 인도하는 것이면 무엇이든 따라야 한다는 이성주의적 입장을 고수했다. 따라서 플라톤 철학의 핵심은 이성주의적 윤리학이다.

플랑크 Planck, Max(Karl Ernst Ludwig, 1858-1947) 양자론을 창시한 독일의 이론물리학자. 1918년 노벨 물리학상을 받았다. 양자론은 원자 및 원자 구성 입자 세계에서 일어나는 과정을 이해하는 데 혁명을 일으켰는데, 이는 마치 아인슈타인의 상대성 이론이 시간과 공간을 이해하는 데 혁명을 일으킨 것과 같다. 두 이론은 20세기 물리학의 기초적 이론이 되고 있으며, 인간이 가장 소중히 간직했던 철학적 믿음들 가운데 몇몇을 수정하도록 했고, 현대 생활의 모든 측면에 영향을 미치는 산업적 · 군사적 응용을 가능케 해주었다.

피론 Pyrrhon of Elis(BC 360경-272경) 그리스의 철학자. 그의 이름을 본떠 고대 회의주의 철학의 일종인 피론주의라는 용어가 생겼다. 일반적으로 회의주의의 아버지로 불린다. 모든 명제의 양쪽에 동등한 논증을 제공할 수 있다고 믿어 진리를 추구하는 일이 헛된 노력이라고 생각했다.

피타고라스 Pythagoras(BC 580경-500경) 그리스의 철학자 · 수학자. 본래 종교 모임이지만 그가 창설한 피타고라스 승려회는 플라톤과 아리스토텔레스 사고에 영향을 준 원리를 형성했고, 수학과 서구 합리철학의 발달에 기여했다. 일반적으로 피타고라스는 객관 세계 및 음악에서 수(數)가 지니는 기능적 중요성에 관한 이론의 창시자로 알려져 있다. 종종 그의 이름과 결부되는 그밖의 발견들(예를 들면 정사각형의 변의 길이와 대각선 길이의 약분 불가능성 및 직각삼각형의 피타고라스 정리 등)은 아마도 피타고라스학파의 제자들이 나중에 밝혀낸 것인 듯하다. 더 나아가 피타고라스 자신에게서 직접 나온 지성적 전승 대부분은 과학적 학문이라기보다는 신비주의적 지혜에 가깝다.

필론 Philon, Judaeus(BC 15(-10)-AD 45(-50)) 그리스어를 사용한 유대 철학자. 헬레니즘 유대주의를 대표하는 가장 중요한 인물이다. 그의 저작들은 디아스포라에서의 유대주의의 발전에 관한 가장 명확한 견해를 제공해 준다. 계시 신앙과 철학적 이성을 종합하려고 한 최초 인물로서 철학사에서 독특한 위치를 차지한다. 그리스도교도들에 의해서는 그리스도교 신학의 선구자로 여겨지기도 한다.

필로라오스 Philolaos BC 475년경에 활동한 피타고라스학파의 철학자. 그리스 사상가 피타고라스(BC 530경)의 이름을 본떴다. 그는 수 분류의 중요성을 강조한 피타고라스의 유명한 수 이론을 배운 사람이었다. 필로라오스가 피타고라스학파를 처음 체계화한 사람이라는 주장은 아직 정설이 아니다.

하이젠베르크 Heisenberg, Werner(Karl, 1901-76) 독일의 물리학자·철학자. 양자역학이라는 현대 과학을 수립하는 데 공헌했으며, 이 양자역학에서 유명한 불확정성 원리가 유래되었다. 또한 난류(亂流)의 유체역학·원자핵·강자성·우주선·소립자 이론에 중요한 기여를 하였다. 제2차 세계대전 이후 독일 카를스루에에 최초의 원자로를 설계했다. 하이젠베르크는 그의 철학적·방법론적인 저술을 하는 데 있어 보어와 아인슈타인으로부터 많은 영향을 받았다. 대중적 인물로서 그는 제2차 세계대전 이후 원자력을 평화적으로 이용할 것을 적극 추진했고, 1957년 서독 육군이 핵무기를 배치하려는 움직임에 반대하는 독일 과학자들을 이끌었다. 그는 1954년 제네바에서 유럽공동원자핵연구소(CERN)를 조직한 이들 가운데 한 사람이었다.

헤겔 Hegel, Georg Wilhelm Friedrich(1770-1831) 독일의 철학자. 그의 철학 체계는 정신적 일원론이지만 차이를 중시하는 일원론이다. 헤겔에 따르면 사고는 차이를 경험해야만 사고와 그 대상의 '동일성'을 이룰 수 있다. 따라서 진리는 오류가 경험되고 진리가 승리할 때만 인식된다. 그리고 유한자가 한계를 지닌 것이고, 신이 이 한계를 극복하기 때문에 신은 무한하다. 마찬가지로 인간이 도덕적 선에 이르려면 인간의 타락은 필수적이다. 정신은 자신을 자연과 대비해야만 자기 자신을 인식한다. 헤겔이 우주를 파악 가능하다고 보는 것은 우주를 절대 정신이 자기 자신을 정신으로 인식하게 되는 영원한 원환 과정이라고 여기기 때문이다. 이런 자기 파악은 1)정신 자신의 사고를 통해서 2)자연을 통해서 3)유한한 정신이 역사에서 자기를 표현하고 예술·종교·철학에서 자기를 발견함으로써 이루어진다.

호메로스 Homeros BC 9세기 또는 BC 8세기경에 활동한 고대 그리스의 시인. 서사시의 걸작 《일리아드》·《오디세이아》의 저자로 추정된다. 그리스인들이 이 2편의 서사시에다 호메로스라는 이름을 결부시켰다는 사실말고는, 그에 대해서 알려진 것이 거의 없다. 《일리아드》와 《오디세이아》는 고대 그리스 문화 자체에 미친 영향을 통해 서양의 윤리와 사상에 가장 미묘하게 영향을 미쳤다. 그리스인들은 이 위대한 서사시들을 문학 작품 이상의 것으로 보았다.

헤라클레이토스 Heracleitos(BC 540경-480경) 그리스의 철학자. 불이 조화로운 우주의 기본적인 물질적 원리라고 주장한 우주론으로 유명하다. 헤라클레이토스는 주로 자신을 둘러싼 세계를 설명하는 데 관심이 있었지만, 사람들이 사회적 조화를 이루며 함께 살아갈 필요가 있다는 점도 강조했다.

그는 불을 만물을 통일하는 근본 물질로 보고, 세계 질서는 "일정한 정도로 타오르고 일정한 정도로 꺼지는 영원히 사는 불"이라고 썼다.

흄 Hume, David(1711-76) 18세기 스코틀랜드의 경험론 철학자·역사가·경제학자·저술가. 철학을 인간 본성에 대한 귀납적 실험과학으로 보고, 뉴턴의 과학 방법과 존 로크의 인식론을 기초로 해서 인식이 생겨날 때 정신이 어떻게 작용하는지를 설명하려 했다. 그는 경험을 떠나서는 어떤 인식도 불가능하다고 주장했다.

히파르코스 Hipparchos 그리스의 천문학자·수학자. 세차 운동을 발견했으며, 1년의 길이를 6과 2분의 1의 오차 내로 계산하였다. 또한 처음으로 별의 목록을 작성한 것으로 알려져 있으며, 초기에 삼각법의 공식을 만들었다.

역자 후기

현대 과학의 눈부신 발전은 인간 존재와 우주의 신비를 어느 정도까지 파헤쳤다고 할 수 있을까? 세계적으로 나타나고 있는 종교적 영성 추구 현상은 과학 자체의 한계를 설명해 주는 것일까? 니체는 '신의 죽음'을 선언하고, 20세기가 '전쟁의 세기'가 될 것이라고 예리하게 예언했다. 그의 철학이 지닌 비이성적 세계에도 불구하고 존재의 모든 현상을 '힘들의 관계'로 환원시키는 그의 에너지론과 '신의 죽음'은 과학의 진보와 궤를 같이하는 측면이 있다. 그러나 과학의 세기였다고 평가되는 20세기에 대립적으로 나타난 종교적 증폭 현상과 갈등은 그의 선언이 어떤 면에서 문제가 있는지 성찰하게 한다.

21세기가 어떻게 전개될 것인가라는 의문 앞에서 제시된 여러 시나리오들 가운데 하나가 '비물질의 르네상스'이다. 이 시나리오가 실현될 가능성이 얼마나 있는지에 대해 이야기하기 전에, 우리는 그것이 구상되었다는 것 자체를 놀라운 사건이라고 간주할 수 있을 것이다. 어떤 의미에서는 과학의 진보가 가져다 준 엄청난 지식의 양이 역설적으로 그만큼 존재론적 신비의 폭과 깊이를 확대시키고 심화시켰다고 생각될 수 있다. 사실 엄밀히 말한다면 과학은 '어떻게'를 다루는 학문이지 '왜'를 다루는 학문이 아니라고 말할 수 있다. 한 송이 꽃이 피었다 지는 현상 앞에서 던지는 궁극적 '왜'에 대해 과학은 이성과 마찬가지로 침묵한다.

그럼에도 불구하고 과학적 탐구와 지식은 철학적·종교적 영역에 심대한 영향을 미칠 뿐 아니라, 이 영역을 넘보며 부단한 전진을 해왔고 앞으로도 이 전진을 계속할 것이다. 그것은 '어떻게'에서 '왜'의 경계로 넘어가면서 멈추고 있지만, 그것의 욕망은 '왜'조차도 해명하려는 불가능한 도전을 하고 있다. 동양과는 달리 서양은 고대 그리스 시대의 신화로부터 사유를 구출해 자연법 사상을 태동시킴으로써 전혀 다른 지평을 예고했다. 이미 이 시대에 지동설과 지구가 둥글다는 주장이 제기되었다는 것은 주지의 사실이다.

저자는 신화로부터의 사유의 구출이 가져온 철학과 과학의 지적 여정을 과학에 무게를 실어 추적하고 있다. 그는 사유가 신화로부터는 구출되었지만 철학과 과학의 미분화된 세계 속에서 새로운 사상들을 탄생시키는 고대로부터 이 지적 여정을 시작한다. 그는 과학적 지식을 발전시키는 범위 내에서 철학 사상들을 시대적으로 고찰하면서 이 사상들이 안고 있는 문제점들이 차례로 극복되어 가는 과정을 따라간다. 그리하여 과학 사상이 순수 사변철학으로부터 분리되면서 비약적 발전을 이룩하는 현대의 물리학에 이르기까지 '객관적' 지식이 확립되어 가는 과정을 독특하게 체험하고 있다.

그러나 그는 철학으로부터 과학으로의 이동 결과를 다시 철학과 결부시킴으로써 과학과 철학의 접점에 서서 의미 있는 결론을 내리고 있다. 그에 따르면 상대성 이론과 양자역학으로 대변되는 현대 물리학은 '이데아론'을 주장한 플라톤과, '인간은 만물의 척도'라고 말한 프로타고라스의 싸움으로 되돌아가게 한다는 것이다. 그러면서 그는 현상 너머에 존재하는 실재와 관련하여 물리학이 주는 현재의 결론은 포착할 수 없는 '무언가가 저항한다'는 것이라고 말한다. 그는 이 저항하는 무언가가 궁극적 존재나 하느님으로 인식되어 왔다는 견해를 피력한다. 여기서 과학은 존재의 신비를 선언하며 침묵하는 것이다.

현대의 과학적 지식이 수천 년에 걸쳐 생성되는 과정에서 나타나는 결정적 단계들을 운디네라는 불멸의 아름다운 세이렌(반인반어)을 등장시켜 부활시키는 물리학자의 발상과 사유의 틀이 독자의 흥미를 유발시킨다. 운디네가 찾아가 대담을 나누는 철학자들과 과학자들의 전기적 측면도 때때로 재미를 주지만, 이들의 사상이 지닌 허점을 찌르는 날카로운 통찰들이 독자의 관심을 불러일으킨다. 뿐만 아니라 아인슈타인의 이름이 붙은 상대성 이론을 처음으로 언급한 푸앵카레의 기여가 소홀히 취급된 데 대한 불만 같은 일화들도 일반 독자에게는 신선한 읽을거리를 제공한다. 한 물리학자가 현재의 물리학적 성과와 관련하여 고대로부터 현대에 이르기까지 지적·철학적 탐험을 독창적으로 시도하는 경우는 별로 없으리라 생각된다. 이와 같은 시도는 그 자체만으로도 참신하게 다가온다. 그 여정을 독자와 함께 하고자 한다.

    과학도가 아닌 인문학도로서 본서를 번역하게 되어 다소 아쉬움이 남는다. 내용상 번역하는 데 큰 어려움은 없었으나, 과학 이론들의 추상적 기술로 인해 오역이 있으리라 생각된다. 독자 여러분의 질책을 바란다.

2002년 10월   김 웅 권

김웅권
한국 외국어대학교 불어과 졸업
프랑스 몽펠리에3대학 불문학 박사
현재 한국외국어대학교 연구교수
학위 논문: 〈앙드레 말로의 소설 세계에 있어서 의미의 탐구와 구조화〉
저서: 《앙드레 말로—소설 세계와 문화의 창조적 정복》
논문: 〈앙드레 말로의 《왕도》에 나타난 신비주의적 에로티시즘〉
(프랑스의 《현대문학지》 앙드레 말로 시리즈 10호)
〈앙드레 말로의 《인간의 조건》에서 광인 의식〉
(미국 《앙드레 말로 학술지》 27권)
역서: 《천재와 광기》 《니체 읽기》 《상상력의 세계사》
《순진함의 유혹》 《파스칼적 명상》 《쾌락의 횡포》 《영원한 황홀》
《진정한 모럴은 모럴을 비웃는다》 《기식자》 《구조주의의 역사 · II》 등

현대신서
46

운디네와 지식의 불

초판발행 : 2002년 11월 20일

지은이 : 베르나르 데스파냐
옮긴이 : 김웅권
총편집 : 韓仁淑
펴낸곳 : 東文選

제10-64호, 78. 12. 16 등록
110-300 서울 종로구 관훈동 74
전화 : 737-2795

편집설계: 李姃旻 李惠允

ISBN 89-8038-127-1 04160
ISBN 89-8038-050-X (현대신서)

126 세 가지 생태학	F. 가타리 / 윤수종	근간
127 모리스 블랑쇼에 대하여	E. 레비나스 / 박규현	근간
128 위비 왕	A. 자리 / 박형섭	근간
129 번영의 비참	P. 브뤼크네르 / 이창실	근간
130 무사도란 무엇인가	新渡戶稻造 / 沈雨晟	7,000원

【東文選 文藝新書】

1 저주받은 詩人들	A. 뻬이르 / 최수철·김종호	개정근간
2 민속문화론서설	沈雨晟	40,000원
3 인형극의 기술	A. 훼도토프 / 沈雨晟	8,000원
4 전위연극론	J. 로스 에반스 / 沈雨晟	12,000원
5 남사당패연구	沈雨晟	10,000원
6 현대영미희곡선(전4권)	N. 코워드 外 / 李辰洙	절판
7 행위예술	L. 골드버그 / 沈雨晟	절판
8 문예미학	蔡 儀 / 姜慶鎬	절판
9 神의 起源	何 新 / 洪 熹	16,000원
10 중국예술정신	徐復觀 / 權德周 外	24,000원
11 中國古代書史	錢存訓 / 金允子	14,000원
12 이미지 — 시각과 미디어	J. 버거 / 편집부	12,000원
13 연극의 역사	P. 하트놀 / 沈雨晟	절판
14 詩 論	朱光潛 / 鄭相泓	9,000원
15 탄트라	A. 무케르지 / 金龜山	10,000원
16 조선민족무용기본	최승희	15,000원
17 몽고문화사	D. 마이달 / 金龜山	8,000원
18 신화 미술 제사	張光直 / 李 徹	10,000원
19 아시아 무용의 인류학	宮尾慈良 / 沈雨晟	절판
20 아시아 민족음악순례	藤井知昭 / 沈雨晟	5,000원
21 華夏美學	李澤厚 / 權 瑚	15,000원
22 道	張立文 / 權 瑚	18,000원
23 朝鮮의 占卜과 豫言	村山智順 / 金禧慶	15,000원
24 원시미술	L. 아담 / 金仁煥	16,000원
25 朝鮮民俗誌	秋葉隆 / 沈雨晟	12,000원
26 神話의 이미지	J. 캠벨 / 扈承喜	근간
27 原始佛敎	中村元 / 鄭泰爀	8,000원
28 朝鮮女俗考	李能和 / 金尙憶	24,000원
29 朝鮮解語花史(조선기생사)	李能和 / 李在崑	25,000원
30 조선창극사	鄭魯湜	7,000원
31 동양회화미학	崔炳植	18,000원
32 性과 결혼의 민족학	和田正平 / 沈雨晟	9,000원
33 農漁俗談辭典	宋在璇	12,000원
34 朝鮮의 鬼神	村山智順 / 金禧慶	12,000원
35 道敎와 中國文化	葛兆光 / 沈揆昊	15,000원

【기 타】

■ 오블라디 오블라다, 인생은 브래지어 위를 흐른다　무라카미 하루키 / 김난주　7,000원
■ 인생은 앞유리를 통해서 보라　B. 바게트 / 박해순　5,000원
■ 잠수복과 나비　J. D. 보비 / 양영란　6,000원
■ 천연기념물이 된 바보　최병식　7,800원
■ 原本 武藝圖譜通志　正祖 命撰　60,000원
■ 隷字編　洪鈞陶　40,000원
■ 테오의 여행 (전5권)　C. 클레망 / 양영란　각권 6,000원
■ 한글 설원 (상·중·하)　임동석 옮김　각권 7,000원
■ 한글 안자춘추　임동석 옮김　8,000원
■ 한글 수신기 (상·하)　임동석 옮김　각권 8,000원

【이외수 작품집】
■ 겨울나기　창작소설　7,000원
■ 그대에게 던지는 사랑의 그물　에세이　7,000원
■ 꿈꾸는 식물　장편소설　7,000원
■ 내 잠 속에 비 내리는데　에세이　7,000원
■ 들 개　장편소설　7,000원
■ 말더듬이의 겨울수첩　에스프리모음집　7,000원
■ 벽오금학도　장편소설　7,000원
■ 장수하늘소　창작소설　7,000원
■ 칼　장편소설　7,000원
■ 풀꽃 술잔 나비　서정시집　4,000원
■ 황금비늘 (1·2)　장편소설　각권 7,000원

【조병화 작품집】
■ 공존의 이유　제11시점　5,000원
■ 그리운 사람이 있다는 것은　제45시집　5,000원
■ 길　애송시모음집　10,000원
■ 개구리의 명상　제40시집　3,000원
■ 꿈　고희기념자선시집　10,000원
■ 따뜻한 슬픔　제49시집　5,000원
■ 버리고 싶은 유산　제 1시집　3,000원
■ 사랑의 노숙　애송시집　4,000원
■ 사랑의 여백　애송시화집　5,000원
■ 사랑이 가기 전에　제 5시집　4,000원
■ 남은 세월의 이삭　제 52시집　6,000원
■ 시와 그림　애장본시화집　30,000원
■ 아내의 방　제44시집　4,000원
■ 잠 잃은 밤에　제39시집　3,400원
■ 패각의 침실　제 3시집　3,000원
■ 하루만의 위안　제 2시집　3,000원

東文選 現代新書 113

쥐비알

알렉상드르 자르댕

김남주 옮김

아버지의 유산, 우리들 가슴속엔 어떤 아버지가 자리하고 있는가?

정신적 지주였던 아버지에 관한 자전적 이야기인 이 작품은, 소설보다 더 소설적인 부자(父子)의 삶을 감동적으로 담아내고 있다. 자녀들에게 쥐비알이라는 애칭으로 불렸던 그의 아버지 파스칼 자르댕은 여러 편의 소설과 1백여 편의 시나리오를 남겼다. 그 또한 자신의 아버지, 그러니까 저자의 할아버지에 대한 소설 《노란 곱추》를 발표하였으며, 이 작품 또한 수년 전 한국에 소개된 바 있다. 하지만 자유 그 자체였던 그의 존재 이유는 무엇보다도 여자를 사랑하는 일에 있었다. 그의 진정한 일은 여인을 사랑하는 것이었다, 특히 자신의 아내를.

그는 열여섯의 나이에 아버지의 여자친구인 거대한 재산 상속녀의 침대로 기운차게 뛰어들어 그녀의 정부가 되었으며, 자신들의 관계를 기념하기 위해 베르사유궁의 프티 트리아농과 똑같은 저택을 짓게 하고 파티를 열어 그의 아버지를 초대하는가 하면, 창녀를 친구로 사귀어 몇 달 동안 하루도 거르지 않고 서너 차례씩 꽃다발을 보내어 관리인으로 하여금 그녀가 혹시 공주가 아닐까 하는 착각에 빠지게끔 만들기도 하였다. 그런가 하면 자신의 어머니의 절친한 연인의 해골과 뼈를 집 안에 들여다 놓고, 그것이 저 유명한 나폴레옹 외무상이었던 탈레랑의 뼈라고 능청스레 둘러대다가 탄로나서 집 안을 발칵 뒤집히게 하는 등, 기상천외한 기행과 사랑의 모험을 한순간도 멈추지 않았다. 심지어 죽어서까지 그의 영원한 연인이자 아내였던 저자의 어머니에게 끊임없이 무덤으로부터 열렬한 사랑의 편지가 배달되게 하는가 하면, 17년이 지난 오늘날까지 그의 아내를 포함하여 그를 사랑했던 30여 명의 여인들을 해마다 그가 죽은 날을 기해 성당에 모여 눈물을 흘리게 하여, 그가 죽음으로써 안도의 숨을 내쉬었던 그녀들의 남자들을 참담하게 만들기도 하였다. 스위스의 그의 무덤에는 하루도 빠짐없이 지금까지도 제비꽃 다발이 놓이고 있다.

東文選 現代新書 18

청소년을 위한 철학교실

알베르 자카르

장혜영 옮김

"무엇을 질문하고 어떻게 대답할 것인가?"

철학은 끊임없는 질문과 답변 가운데에 있다. 질문은 진리에 대한 탐색이요, 답변은 존재와 세계에 대한 해석이다. 우리는 철학을 통해 존재의 근원에 이른다. 이 책은 프랑스 알비의 라스콜 고등학교 철학교사인 위게트 플라네스와 철학자 알베르 자카르 사이의 철학 대담으로 철학적 질문과 답변의 과정을 명쾌히 보여 준다.

이 책에는 타인·우애·정의 등 30개의 항목에 대한 철학자의 통찰이 간결하게 살아 있다. 철학교사가 사르트르의 유명한 구절, 즉 "지옥, 그것은 바로 타인이다"에 대해 반박을 요청하자, 저자는 그 인물이 천국에 들어갔다면 그는 틀림없이 "천국, 그것은 바로 타인이다"라고 이야기했을 것이라고 답한다. 결국 타인들은 우리의 지옥이 아니며, 그들이 우리와의 관계를 받아들이려 하지 않을 때 지옥을 만들어 낸다고 말한다.

그렇다면 행복에 대해 이 철학자는 어떻게 답할까? "나에게 행복이란 타인들의 시선 안에서 스스로를 아름답다고 느끼는 것입니다"는 것이 그의 답변이다. 이 책은 막연한 것들에 대해 명징한 질문과 성찰로 우리가 새로운 질문을 던지고, 스스로 그 답을 찾을 수 있는 실마리를 제공한다.

소설로 읽는 세계의 종교와 문명

테오의 여행 (전5권)

카트린 클레망 / 양영란 옮김

★세계 각국 청소년 추천도서
★이달의 청소년 도서 (대한출판문화협회)
★98 올해의 좋은 책 (전국언론노동조합연맹)
★99 좋은 책 100선 (중앙일보사)

마음을 열고 영혼을 진정시켜 주는 책!
세상 끝까지 따라가는 엄청난 즐거움!
세계의 문명에 눈뜨게 해주는 책!
큰사람으로 만들어 주는 신의 선물!

열네 살짜리 소년을 동행한 신화와 제식의 세계 여행. 불치의 병에 걸린 주인공 테오는 '지상의 수많은 사람들이 어떻게 신을 믿고 있는가?'에 대해 이해하려고 끊임없이 놀라워하면서 질문한다. 또한 독자들을 '신비의 세계, 보편주의의 세계와 종교의식의 세계'로 안내하면서 '순진한 아이'의 역할을 충실히 해낸다. '하늘과 땅을 연결시키기 위해' 인간들이 구축해 놓은 세계 곳곳의 성소들을 찾아 나서, 온갖 종교의 성자들과 친구들을 만난다. 그리고 그들이 '무엇을, 왜 믿는가'를 우리에게 들려 준다. 마침내 여행이 끝나면 우리는 '종교의 역사는 관용의 역사이기도 하다'라는 말을 이해하게 되고, 세계의 문명에 대한 균형된 시각을 가지게 될 것이다. 또한 짚더미에서 보석을 찾는 것처럼 세상의 모든 것들 속에 존재하는 '진실의 알곡'을 찾을 수 있다는 것도 배우게 될 것이다. 다시 말해 "야유하지 말고, 한탄하지 말며, 악담하지 말라. 하지만 이해하려고 노력하라"고 한 스피노자의 말이 우리의 것이 될 터이다.

《르몽드》

東文選 現代新書 16

딸에게 들려 주는 작은 철학

롤란트 시몬 셰퍼
안상원 옮김

★독일 청소년 저작상 수상(97)
★청소년을 위한 좋은 책(99, 한국간행물윤리위원회)

작은 철학이 큰사람을 만든다. 아이들과 철학을 이야기하는 것이 요즘 유행처럼 되었다. 아이들에게 철학을 감추지 않는 것, 그것은 분명히 옳은 일이다. 세계에 대한 어른들의 질문이나 아이들의 질문들은 종종 큰 차이가 없으며, 철학은 여기에 답을 줄 수 있다. 이 작은 책은 신중하고 재미있게, 그러면서도 주도면밀하게 철학의 질문들에 대답해 준다.

이 책의 저자 시몬 셰퍼 교수는 독일의 원로 철학자이다. 그가 원숙한 나이에 철학에 대한 깊은 이해를 가지고 자신의 딸이거나 손녀로 가정되고 있는 베레니케에게 대화하듯 철학 이야기를 들려 주고 있다. 만약 그 어려운 수수께끼를 설명한다면 어떻게 할 것인가를 모형적으로 제시하고 있다.

철학은 우리의 구체적인 삶과 멀리 떨어져 있는 삶이 아니다. 우리가 사용하고 있는 말이란 무엇이며, 안다는 것은 무엇인가. 세계와 자연, 사회와 도덕적 질서, 신과 인간의 의미는 무엇인가 등 철학적 사유의 본질적 테마들로 모두 아홉 개의 장으로 나누어 이야기하고 있다. 쉽게 서술되었지만 내용은 무게를 가지고 있어서 중·고등학생뿐만 아니라 대학생과 성인들에게 철학에 대한 평이한 길라잡이가 될 것이다.

산다는 것의 의미 · 1
— 여분의 행복

피에르 쌍소 / 김주경 옮김

"삶을 어떻게 살아야 하는가?"라는 물음에 대한 해답찾기‼

인생을 살 만큼 살아본 사람만이 이에 대한 대답을 할 수 있을 것이다. 영원한 것은 아무것도 없고, 변화 또한 피할 수 없다. 한 해의 시작을 앞둔 우리들에게 피에르 쌍소는 "인생이라는 다양한 길들에서 만나게 되는 예기치 않은 상황들을 대비할 수 있도록 도덕적 혹은 철학적인 성찰, 삶의 단편들, 끔찍한 가상의 이야기와 콩트, 이 세상에서 벌어지고 있는 참을 수 없는 일들에 대한 분노의 외침, 견디기 힘든 세상을 조금이라도 견딜 만하게 만들기 위한 사랑에의 호소 등등 여러 가지를 이 책 속에 집어넣어 보았다"는 소회를 전하고 있다. 노철학자의 삶에 대한 깊은 성찰이 고목의 나이테처럼 더없이 선명하게 다가온다.

변화를 사랑하고, 기다릴 줄 알고, 바라보는 법을 배우고, 자기 자신에게 인내를 가질 수 있게 하는 이 책《산다는 것의 의미》는, 앞서의 두 권보다 문학적이며 읽는 재미 또한 뛰어나다. 죽어 있는 것 같은 시간들이 빈번히 인생에 가장 충만한 삶을 부여하듯 자신의 내부의 작은 목소리에 귀기울이게 하고, 그 소리를 신뢰케 만드는 것이 책의 장점이다.

진정한 삶, 음미할 줄 아는 삶을 살고, 내심이 공허한 사람이 되지 않도록 우리의 약한 삶을 보호할 줄 알며, 그 삶을 사랑하게 만드는 것이 피에르 쌍소의 힘이다.

이 책을 읽어 나가는 동안 우리는 의미 없이 번쩍거리기만 하는 싸구려 삶을 단호히 거부하고, 자기 자신에게로 돌아와 찬찬히 들여다볼 수 있는 시간을 갖게 될 것이다. 그리고 자신만의 희망적인 삶의 방법을 건져올릴 수 있을 것이다.

東文選 現代新書 25

청소년을 위한 이야기 경제학

앙드레 푸르상
이은민 옮김

- 인생에서 돈을 벌 것인지 쓸 것인지 둘 중에 하나를 선택해야만 한다. 이 두 가지를 다 할 시간이 우리에게는 없기 때문이다.
- 아무 일도 하지 않는 것은 대단한 능력이다. 그러나 그 능력을 너무 남용해서는 안 된다.
- 경제학의 첫번째 교훈 : 하늘은 스스로 돕는 자를 돕는다.

이 책은 경제에 관한 난해한 개론을 자녀들에게 불어넣으려고 쓴 책이 아니다. 경제학의 기본 법칙들과 그 철학을 명확하고 이해하기 쉽게, 그리고 무엇보다도 우선 재미있게 설명하고 있다. 모르긴 해도 경제학자들과 이들의 학문은 일반적으로 사람들이 생각하는 것보다 훨씬 재미있을지도 모른다.

경제학을 이해하려면 우선 몇 가지 노력과 최소한의 관심이 필요하다. 왜냐하면 경제학은 의학처럼 습득되는 것이니까. 비록 항상 수월한 학문은 아니지만, 그렇다고 해서 몇몇 고지식한 사람들이 만들려고 하는 것처럼 이 학문이 쐐기 같은 것도 아니다. 그렇기 때문에 이 책은 개론서도, 학문적인 지침서도, 지겨운 사상서도 아니며, 기교가 압권을 이루는 그런 책은 더더욱 아니다.

저자는 아주 무미건조하면서도 지극히 인간적인 이 학문에 관계된 중요한 문제들을 대화체의 흥미로운 이야기로 설명하고 있다. 그의 이야기는 재미있을 뿐 아니라 유용하면서, 흥미롭게 전개되지만 경박하지 않다. 다시 말해 어렵게 생각되어지지 않으면서도 진지한 이야기가 되고 있다.